诗词大发现

古诗词创意图解

Shici Dafaxian

③

蒋军晶 著

长江出版传媒　长江文艺出版社

序言 PREFACE

这套书好在哪里？

出现了 202 首诗词

大量覆盖统编小学、初中语文教材，《小学生必背古诗词75首》中的诗词。

发现至上

李白有一段时间写诗为什么总是写"愁"？送别诗里为什么经常出现"柳"？诗人最喜欢哪种颜色？诗词里的月亮蕴含着哪些情意？……这套书几乎每一页都通过创意编排引发孩子的思考、探索，因为编著者觉得——相比记忆，更重要的是人的思考力、发现力。

诗词的学习路径

这套书以儿童的视角组织了16个诗词主题。有的主题是"人物"，如"李白的远游"；有的主题是"意象"，如"送别一枝柳"；有的主题是"内容"，如"四时之美"；有的主题是"表达规律"，如"诗词里的颜色"……学习诗词有哪些路径？这些主题，对孩子是很好的引导、提示。

非连续性文本

你发现了吗？现在语文考试的阅读材料有时也用"非连续性文本"。非连续性文本包括图、表格、清单等，用的文字少，但信息量大，而且直观、清楚。这套书"图、表、文结合"，看这套书的孩子不知不觉中增加了阅读"非连续性文本"的机会，提升了非连续性文本阅读能力。

如何使用这套书？

背诵工具

书中前面出现的诗词，往往只有一个题目，或者只有一个句子。你可以看着这个题目或句子回忆、背诵完整的诗词。当你背不出时，你可以通过题目、句子旁边的序号，在附录里迅速找到完整的诗词和解释。所以，你可以把这套书当作背诵工具书。

让理解参与进来

"哇哇哇"死记硬背，不但做不了有根的优雅的中国人，且做不了正常的现代人。

所以，古诗词的学习，在"背诵"的基础上，还要有"理解"的参与。你能背出来的诗词，都可以根据序号，在书的前面找到，大致了解这首诗词创作的背景，了解这首诗词和其他诗词之间的联系。有了理解的参与，你对这首诗词的印象更深刻，你的记忆更长久。

深入研究下去

这套书的每一个主题里，都有一些学习建议和开放的探究题，对古诗词特别感兴趣的孩子，可以根据这些题目、建议，去寻找更专业的诗词类的书籍阅读学习。

目录
CONTENTS

Chapter 01
诗词浸染的中国名楼 002-032

- 历史悠久的中国名楼 / 004
- 绝哉,黄鹤楼 / 007
- 崔颢与黄鹤楼 / 008
- 壮哉,鹳雀楼 / 010
- 王之涣与鹳雀楼 / 011
- 美哉,岳阳楼 / 014
- 范仲淹与岳阳楼 / 016
- 堂哉皇哉,滕王阁 / 018
- 王勃与滕王阁 / 020
- 诗人创作的心路历程 / 024
- 古诗词中,"楼"经常是"愁" / 028
- 古诗词中的其他建筑 / 030

Chapter 02
流水无情亦有情 034-058

- 水是什么? / 036
- 水像时间,时间像水 / 038

- 水是阻隔 / 048
- 水是情感，绵延悠长 / 052

Chapter
03
在诗词里抬头望月 060-072
- 在哪里看月？/ 062
- 看月亮的情感 / 064
- 看月亮，思故乡 / 066
- 看月亮，想亲友 / 068
- 看月亮，悟永恒 / 070

Chapter
04
诗歌里的鸟 074-084
- 鸟的出镜率 / 076
- 诗词中其他的鸟 / 080
- 古今中外说乌鸦 / 082

Chapter
05
格律里的好坏 086-096
- 诗的"变化" / 088
- 诗的"格律" / 092

附录 097-125

Chapter
01

Chapter 01

诗词浸染的中国名楼

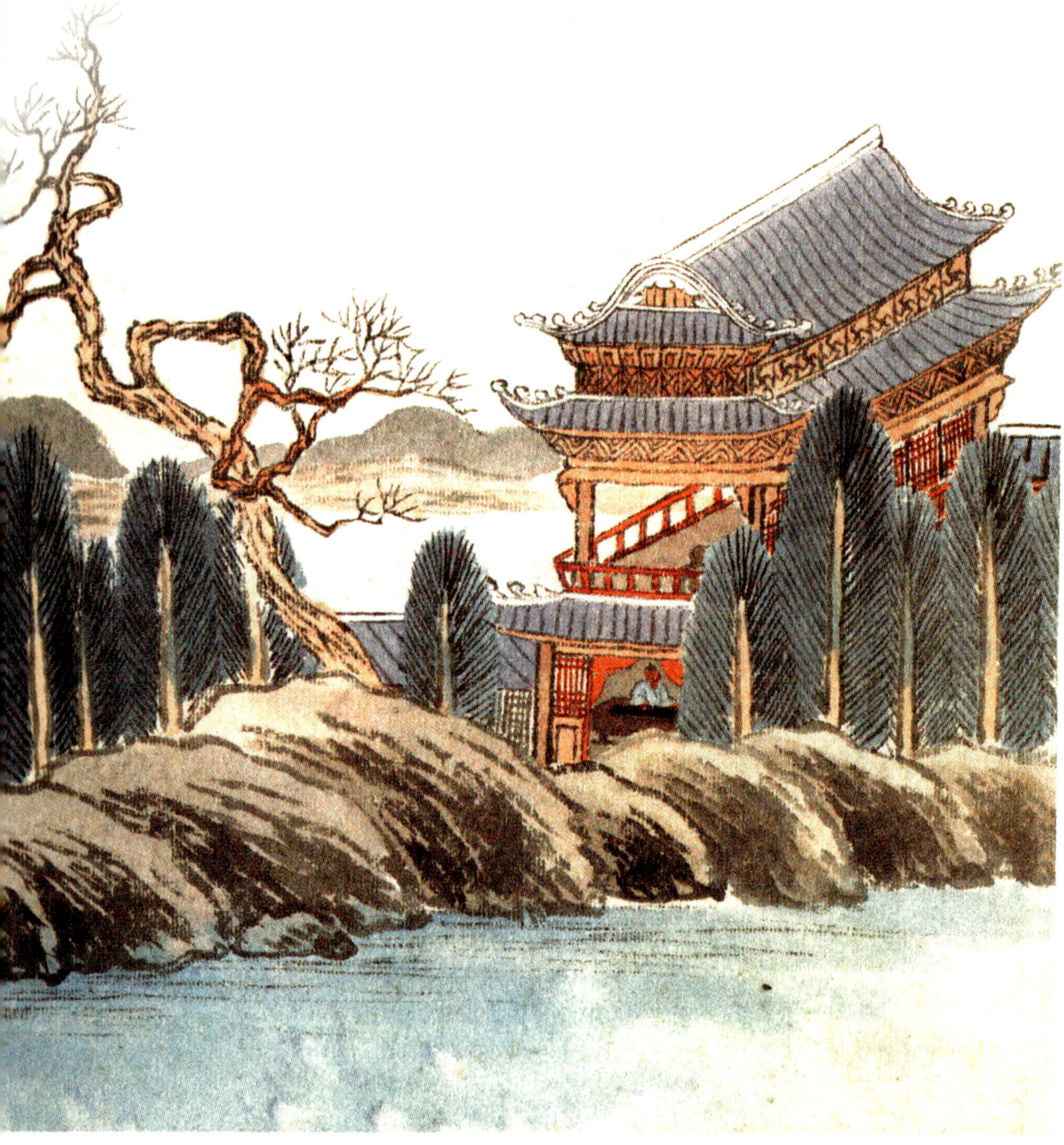

中国有个传统，很多建筑跟名篇、名句结合在一起，楼以文传，文以楼传，使得那楼阁等建筑物，相传不朽，哪怕塌了，烧了。

诗中有楼，楼中有诗。

这些楼不是诗人建造的，也不是为诗人建造的。为什么它们会常常出现在一些诗词里呢？

★ 这些楼都造在风景优美的地方，基本是在大江大河旁。这些楼都是标志性建筑，是当时的著名景点。<u>登高眺远</u>，有感想了，忍不住写下诗词。

★ 古代的文人喜欢在这些"楼"里<u>会客、送别</u>，留下一些送别诗。

★ 古代文人的一些<u>集会</u>也经常在这些楼里举办。文人墨客聚会，当然会诗词唱和。

值得一游的中国名楼

- 湖南岳阳岳阳楼
- 江西南昌滕王阁
- 山东蓬莱蓬莱阁
- 云南昆明大观楼
- 山西永济鹳雀楼
- 广西容县真武阁
- 山东济宁太白楼
- 浙江嘉兴烟雨楼
- 贵州贵阳甲秀楼
- 四川成都望江楼
- 江苏南京阅江楼
- 湖北武汉黄鹤楼

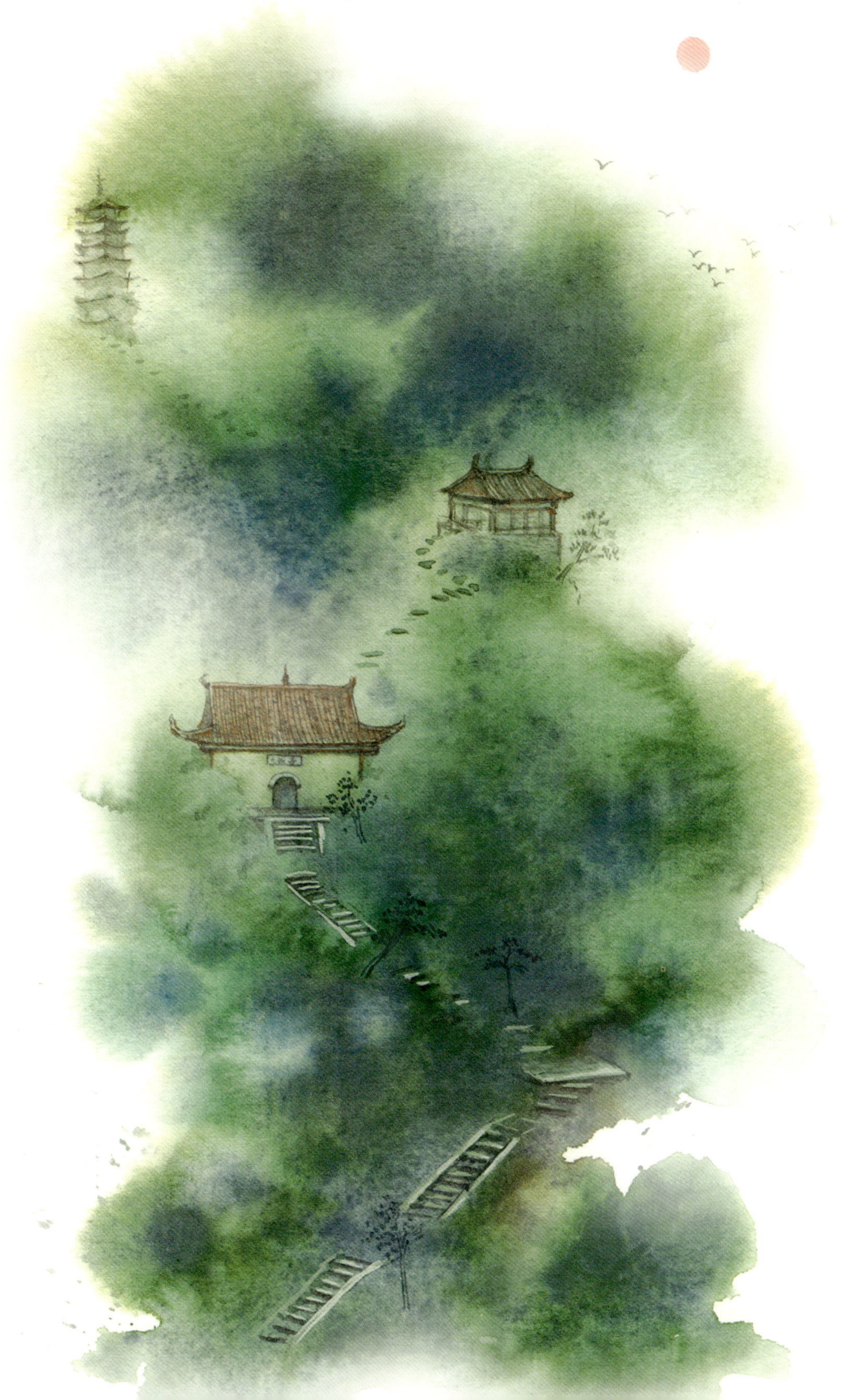

■ 古人修建楼阁的目的可不像现在的人那样为了居住。

■ 中国古代的楼阁：

★ 有的其实就是歌舞之地。 唐高祖李渊的儿子，唐太宗李世民的弟弟李元婴，喜爱音乐、舞蹈，他被调去洪州（今江西南昌）任都督时，从苏州带去一班歌舞乐伎，整天在都督府里盛宴歌舞。653年，他临江建了滕王阁，作为歌舞之地。

★ 有的是为了纪念某个人物。 例如成都的望江楼是为了纪念女诗人薛涛而建造的。各地的太白楼是为纪念李白而建造的。

★ 有的用来纪念大事。 例如南京的阅江楼就是明朝的开国皇帝朱元璋下令选址狮子山的（1374年），后因故未建成。因为朱元璋在称帝前，在狮子山上以红、黄旗为号，指挥数万伏兵，击败了劲敌陈友谅40万人马的强势进攻，为其建立大明王朝奠定了基础。

★ 有的就是为讨一个吉利。 例如贵阳甲秀楼，就建造在贵阳南明河中间的一块巨石上，这块石头很像传说中的巨鳌，"鳌"就是海里的大龟或大鳖。在这块鳌形石头上建楼，登高临远，象征"独占鳌头"。取"甲秀楼"这个名字，就是"科甲挺秀"，取头名状元的意思。古代建楼，很多是为了镇妖伏魔，培育风水。

★ 有的用于军事瞭望。 例如武汉的黄鹤楼，就是三国时期孙权建造的，当初建造的黄鹤楼实际上是个军事瞭望台，黄鹤楼在当时古城的一角，西面又是大江，敌人来犯，一览无遗，便于及时防范。后来三国统一，黄鹤楼的军事意义就失去了。

历史

黄鹤楼始建于三国时代,相传是孙权为扼守要地修筑的军事瞭望所。到了唐代,它成了人们登高眺远、吟诗作画的地方。之后由于战争、兴修水利等原因,多次被毁,但是屡毁屡建,仅在清朝就毁建了多次。现在的黄鹤楼,是1985年重建而成的。

建筑特点

黄鹤楼现位于武汉市长江南岸的蛇山顶上,号称是"天下江山第一楼"。黄鹤楼外观为五层建筑,高51米,里面实际上是九层。中国古代称单数为阳数,双数为阴数。"九"为阳数之极,与汉字"长久"的"久"同音,有天长地久的意思。黄鹤楼由72根圆柱支撑,10多万块黄色琉璃瓦覆盖,60个翘角凌空舒展,好像是飞起来的黄鹤。

传说

这里原来是个酒楼,有个酒鬼每天来酒楼喝酒,不但不给钱还不断要喝酒,店主倒也大方,每次都满足他的要求。有一天,酒鬼吃饱喝足了,就用吃剩的瓜皮在墙上画了一只鹤,一开始鹤是青色的,过了一会就变黄了,在场的人都大惊失色,原来这个酒鬼就是神仙吕洞宾。吕洞宾还教孩子们唱歌,黄鹤一听见歌声就从墙上飞下来,翩翩起舞。这座楼就被大家叫作"黄鹤楼"了。

后来崔颢写的诗"昔人已乘黄鹤去",就是指吕洞宾乘鹤远去。"驾鹤西归"这个成语也是这么来的。

黄鹤楼之所以被世人所知，就是因为唐代诗人崔颢的《黄鹤楼》一诗。黄鹤楼因为崔颢的诗名气大增，而崔颢在黄鹤楼所作的这首诗，也让崔颢名传千古。这首诗在很多民间的唐诗排行榜里排名第一，是"天下第一唐诗"。

传世诗歌

黄鹤楼①

（唐）崔颢

昔人已乘黄鹤去，
此地空余黄鹤楼。
黄鹤一去不复返，
白云千载空悠悠。
晴川历历汉阳树，
芳草萋萋鹦鹉洲。
日暮乡关何处是？
烟波江上使人愁。

这并不是一首纯写景的诗，最后两句笔锋一转，写道："天色已晚，眺望远方，故乡在哪儿呢？眼前只见一片雾霭笼罩江面，给人带来深深的愁绪。"崔颢为什么来到黄鹤楼，史书没有详细的记载。但是从最后一句我们可以感觉到崔颢应该长年在外，也是一个"在路上"的诗人。也确实，崔颢像李白一样，在仕途上郁郁不得志，长年浪迹天涯，足迹踏遍大江南北。

所以对这首诗，连诗仙李白都甘拜下风。有一年李白到黄鹤楼游览，当地的官员和百姓都非常热情地请他留诗。李白的情绪酝酿好了，就要写诗。谁知抬头一看，他就把笔搁下了，不题了，转身要走。众人问他为什么不写了，李白想了想说："眼前有景道不得，崔颢题诗在上头。"崔颢这诗，已经盖世了，超越不了，要是再写一个不如崔颢的，寒碜，没意思。所以，李白最终没有写。

李白没有写，后来就有好事之人根据这个传说在黄鹤楼东侧修建了一座"搁笔亭"。现在黄鹤楼公园内有崔颢的题诗壁，对面就是李白搁笔亭。你去旅游的时候可以顺便去看一看。

传说毕竟是传说，事实上李白写下的诗词与黄鹤楼有关的不下五首，其中最有名的就是《黄鹤楼送孟浩然之广陵》："故人西辞黄鹤楼，烟花三月下扬州。孤帆远影碧空尽，唯见长江天际流。"这首诗也成为咏诵黄鹤楼的绝句。（详见《诗词大发现1》第一章《李白的远游》）

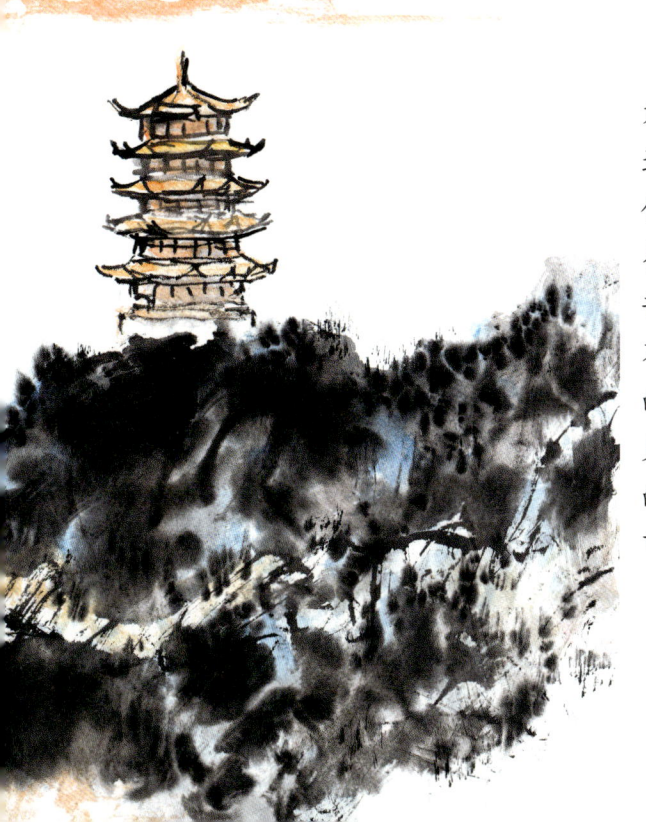

另外，宋之问、王维、白居易、刘禹锡、贾岛、岳飞、陆游、范成大这些大诗人都写过和黄鹤楼有关的诗，但是都没有崔颢的《黄鹤楼》深入人心。崔颢这首诗是潇洒地一笔挥就的，还是苦思冥想出来的，现在也考证不了了。不过，相传崔颢在写诗上是非常努力的。一次崔颢大病初愈，友人前来探望，见他模样清瘦，叹息说："你这不是病的，是因为写诗太辛苦才成这样的啊！"可见他作诗之用功，要求之严格。

历史

鹳雀楼建于北周，是大司马宇文护为防止北齐进攻而修建的。盛唐时期，许多诗人来这里登高赋诗，抒发激情。鹳雀楼和黄鹤楼虽然都是因为军事目的修建的，但是两座楼的命运截然不同。唐代以后，政治经济中心逐渐南移，黄鹤楼所在的武昌成了"九省通衢"之地，而鹳雀楼却渐渐衰败了。鹳雀楼在蒙古军队进攻金朝时（《诗词大发现1》第三章《南宋的爱国诗人》中有提到）毁于战火，后来黄河改道，连旧址也找不到了。现在的鹳雀楼是2002年重修的。

建筑特点

鹳雀楼位于山西永济，这里是晋陕豫交界的"黄河金三角"。鹳雀楼紧邻黄河，远眺华山，从外面看四檐三层，内部实际上是六层，有70多米高。

传说

鹳雀楼为什么叫"鹳雀楼"，是有个传说的。传说玉皇大帝听说很多人喜欢登楼，就派神仙去查看。神仙来的时候，许多鹳雀主动飞过来给神仙当坐骑。神仙乘着鹳雀尽情游览，回去报告玉皇大帝，说这里是"人间天堂"。于是又有许多神仙闻名前来游玩，每次都是乘着鹳雀飞来飞去。后来，人们把这座楼叫鹳雀楼。事实上是怎么回事呢？那是因为鹳雀楼气势宏伟，登上楼有腾空欲飞的感觉，所以当时人叫它"云栖楼"。古城紧靠黄河，有一种食鱼鸟类经常成群栖息于高楼之上，此水鸟似鹤，但顶不红，嘴尖腿长，毛灰白色，人们称其为"鹳雀"，所以"云栖楼"又称"鹳雀楼"。但是这样解释就一点都不浪漫了。

传世诗歌

登鹳雀楼②

（唐）王之涣

白日依山尽，
黄河入海流。
欲穷千里目，
更上一层楼。

虽说始建的鹳雀楼是一座军事瞭望楼，但进入大唐盛世后，鹳雀楼却成了一座文人墨客登高临远、抒怀纵目的"赛诗楼"。当年的大唐才子王之涣，正是登上这座楼，才写下了《登鹳雀楼》这首不朽之作。

这首诗是王之涣仅存的六首绝句之一。他曾任过冀州衡水（今河北衡水）县的主簿。主簿不算什么大官，类似现在的机要秘书吧。可好景不长，不久因遭人诬陷而罢官，不到三十岁的他便过上了访友漫游的生活。写这首诗的时候，王之涣只有三十五岁。

"白日依山尽"，第一句仅用五个字，就描绘了一幅壮丽的画面。"白日依山尽"，很通俗地说，就是太阳落山了。太阳下山不是诗，但"白日依山尽"是诗，为什么？因为这句诗里有景，有情。那个"依"字能让你感觉到落日告别远山时的含情脉脉。然后紧接着来一句"黄河入海流"，画面就更开阔，更壮观，更富有动感，让我们领略到"黄河之水天上来，奔流到海不复回"那昂扬、壮阔的气势。

"欲穷千里目，更上一层楼。"站在鹳雀楼上，真的能看到千里之外吗？不可能。它表达了人的一种希望，一种憧憬，就是想看得更远一些，不断去攀登更新的境界，追求更高的目标。"更上一层楼"，这五个字，你也会觉得一个字都没法改。

例如我们可以试着改为：

再爬一层楼

又上一层楼

攀上一层楼

爬上一层楼

登上一层楼

走上一层楼

再上一层楼

你都觉得不对，要么读起来不舒服，没味；要么意思表达得不准确。尽管鹳雀楼上题有王之涣的千古绝句，但后来的诗人总是按捺不住激动的心情，写下了一篇篇美文，似乎要与王之涣一比高低，于是，鹳雀楼成了唐代诗人的赛诗楼，留下了许多才情洋溢的作品。其中脱颖而出的，要算唐朝畅当的《登鹳雀楼》。

畅当是河东才子，曾应征从军，后来中了进士。他自视清高，志不苟俗，又不甘困顿，有激情。有一次，他也登上这鹳雀楼，灵感来了，挡也挡不住，写了下面这首《登鹳雀楼》，你可以试着读读，评鉴一下。

然而日月流逝，鹳雀楼被焚毁于熊熊战火中，昔日巍峨壮观的天下名楼成了一个历史名称，一个文化符号，一种民族不断进取向上的精神寄托。

传世诗歌

登鹳雀楼

（唐）畅当

迥临飞鸟上,
高出世尘间。
天势围平野,
河流入断山。

历史

岳阳楼的前身是东汉末年东吴将领鲁肃的阅兵楼。东汉末年,东吴大将鲁肃奉命镇守巴丘,操练水军。215年,鲁肃修筑了用以训练和检阅水军的阅军楼。阅军楼楼高数丈,临岸而立,登临可观望洞庭全景,气势非同凡响,这座阅军楼就是岳阳楼的前身。

建筑特点

岳阳楼四柱三层,中间四柱是直径50厘米的楠木,直贯楼顶。楼顶拱而复翘,远看,像古代将军的头盔,这种顶式结构在我国古代建筑史上是独一无二的。

传说

唐开元四年(716年),一个姓张的太守被贬到岳州后,决定张榜招聘能工巧匠,在鲁肃阅兵台旧址修造"天下名楼"。有一位从潭州来的青年木匠李鲁班,手艺高超,擅长土木设计,被张太守相中。张太守限李木匠在一个月内设计出一座三层、四角、五梯、六门、飞檐、斗拱的楼阁图纸。谁知李鲁班摆弄了一个月的时间,设计出来的图纸只是一座过路小亭。张太守很不满意,再限七天时间,一定要李鲁班拿出与洞庭湖相得益彰的有气派的楼阁图纸。

正当李鲁班一筹莫展时,一位白发老人走了过来,问清缘由,便把背的包袱打开,指着编有号码的木头说:"这些小玩意儿,你若喜欢,不妨拿去摆弄摆弄,或许会摆出一些名堂来。若是还差点什么,就到连升客栈来找我。"李鲁班接过来，拼了又拆，拆了又拼，果然构成了一座十分雄壮的楼型。大家十分高兴，都说是祖师爷显灵，向白发长者道谢。老人说自己是鲁班的徒弟，姓卢。后来，老者在湖边留下了写有"鲁班尺"三字的木尺，一阵风吹过他就不见了，工地上人们纷纷跪下，向老者逝去的方向叩头不止。不久，一座新楼拔地而起，高耸湖岸，气象万千。

唐代是我国诗歌史上的鼎盛时期，岳阳楼则是诗家吟咏讴歌的重要场所。而岳阳楼真正闻名于天下，那还得说是在北宋滕子京重修岳阳楼、范仲淹作《岳阳楼记》之后。

传世文章

岳阳楼记（节选）③

（宋）范仲淹

至若春和景明，波澜不惊，上下天光，一碧万顷；沙鸥翔集，锦鳞游泳；岸芷汀兰，郁郁青青。

这个滕子京是什么人？他是北宋时期的进士。做过军事判官、知县、大理寺丞。1044年，55岁的滕子京在庆州任知州，被人控诉"贪污腐败"，滥用官府钱财，后来因为证据不足，以及范仲淹、欧阳修的极力辩护，朝廷没有定他的罪，但是把他的官职降了一级，并把他贬到了其他地方。

从陕西到河南，滕子京最后被贬到了湖南岳州任知州。

这个滕子京到巴陵后，不计个人荣辱得失，勤政为民，为当地做了几件好事，例如扩建学校，修筑防洪大堤，还有就是重修岳阳楼。

滕子京为什么要重修岳阳楼呢？文武兼备的滕子京，对山水名胜颇有见地。他认为一个地方，如果没有山水，就没有灵气；而山水呢，如果没有楼阁，也不会让人印象深刻。那他现在所在的岳阳呢，洞庭湖肯定是天下名胜啦，只可惜原有的楼台不壮观，不能很好地衬托出江山之美。所以，滕子京暗下决心要重修岳阳楼。

说干就干，庆历五年(1045年)，滕子京主持重修岳阳楼，这一举措，得到当地民众的极力支持。1046年，岳阳楼基本重修完毕，滕子京想请人为岳阳楼作记，请谁呢？最佳人选就是范仲淹了，范仲淹是自己多年的朋友，他和范仲淹同一年考中进士，两人以前经常在一起说身世，谈抱负，十分投机。关键是范仲淹在当时"知名度"太高了，他是政坛上的清官，文坛上的大将，如果能请到范仲淹"作文以记之"，是锦上添花的好事。

范仲淹接到邀请后，精神大振，奋笔疾书，写下了名传千古的《岳阳楼记》，岳阳楼也随之名满天下。

唐代的诗人杜甫晚年漂泊于湘江洞庭湖一带。

大历三年（768年），杜甫在病困潦倒之中来到岳阳，写下了被后人评为"登楼第一诗"的《登岳阳楼》：

传世诗歌

登岳阳楼④

（唐）杜甫

昔闻洞庭水，今上岳阳楼。
吴楚东南坼，乾坤日夜浮。
亲朋无一字，老病有孤舟。
戎马关山北，凭轩涕泗流。

现今岳阳楼三楼正壁，悬挂着杜甫这首诗的诗屏。

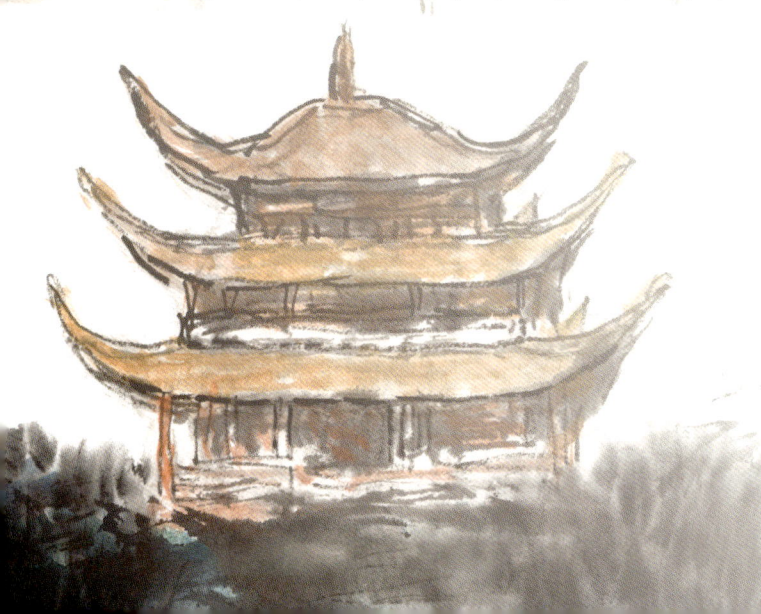

历史

唐贞观十三年（639年），唐太宗李世民的弟弟李元婴受封为滕王，在山东滕县享受俸禄。因为李元婴骄奢淫逸，横征暴敛，大兴土木，在当地民愤极大。无奈之下，唐高宗李治将他贬到苏州。

永徽三年（652年），李元婴又被调任洪州（今江西南昌），李元婴从苏州带去了一班歌舞乐伎，终日在都督府里盛宴歌舞。后来又临江建造了一座楼阁，经常在那里唱歌跳舞。因李元婴在贞观年间曾被封为滕王，所以这座阁起名为"滕王阁"。

现在你看到的滕王阁是1989年根据梁思成先生绘制的图纸重建的。

建筑特点

滕王阁高57.5米，建筑面积13000平方米。其下部是象征古城墙的12米高台座，分为两级。台座以上的主阁取"明三暗七"格式，即从外面看是三层带回廊建筑，而内部却有七层。

传说

在宴会上，王勃写了《滕王阁序》，最后一句故意缺了一个字——"阁中帝子今何在？槛外长江□自流。"诗中王勃故意空了一字，然后把序文呈上都督阎伯屿，便起身告辞。阎大人看了王勃的序文，正要发表溢美之词，却发现后句诗空了一个字，便觉奇怪。旁观的文人学士们你一言我一语，对此发表各自的高见，这个说，一定是"水"字；那个说，应该是"独"字。阎大人听了都觉得不能让人满意，怪他们全在胡猜。于是，命人快马追赶王勃，请他把落了的字补上来。待来人追到王勃后，王勃的随从说道："我家公子有言，一字值千金，望阎大人海涵。"来人返回将此话转告了阎伯屿，大人心里暗想："此人分明是在敲诈本官，可气！"又一转念，"怎么说也不能让一个字空着，不如遂他的愿,这样本官也得个礼贤下士的好名声。"于是便命人备好纹银千两,亲自率众文人学士,赶到王勃住处。王勃接过银子故做惊讶:"何劳大人下问,晚生岂敢空字?"大家听了只觉得不知其意,有人问道:"那所空之处该当何解?"王勃笑道:"空者,空也。阁中帝子今何在?槛外长江空自流。"大家听后一致称妙,阎大人也意味深长地说:"一字千金,不愧为当今奇才……"

传世文章

滕王阁序（节选）⑤

（唐）王勃

豫章故郡，洪都新府。星分翼轸，地接衡庐。襟三江而带五湖，控蛮荆而引瓯越。物华天宝，龙光射牛斗之墟；人杰地灵，徐孺下陈蕃之榻。

一首诗或一篇文章，能让一处风景一座楼阁名垂千古，江南三大楼阁就是例证，洞庭湖边的岳阳楼、长江之畔的黄鹤楼，还有就是这南昌的滕王阁。

历朝历代文人雅士们以"滕王阁"为歌咏主题的诗作数不胜数，其中不乏张九龄、白居易、杜牧、苏轼、王安石、朱熹、黄庭坚、辛弃疾、李清照、文天祥、汤显祖这样的大家。但流传最广、名气最大的还是王勃的《滕王阁序》。

据说王勃是神童，6岁就能写文章，9岁就给当时经学大师颜师古注的《汉书》挑毛病，14岁就应举及第。17岁时就名气比较大了，做了武则天儿子沛王李贤的陪读。

王勃20多岁时，获得朝廷招用，第二年还做了官。然而因为私杀了一个官奴，犯下死罪被抓进监狱，后遇朝廷大赦被免死刑。但他父亲却受牵连，被贬到交趾去上任，交趾在今天的越南河内，路途遥远。上元年间的一个春天，王勃从龙门老家南下，去交趾看望父亲。一路上，经洛阳、扬州、江宁，9月到了洪州，就是现在的南昌。

因此，王勃到南昌纯粹是因为路过，他要到交趾去探望被贬谪的父亲，撞上了南昌都督阎大人为重修滕王阁而举行的庆祝宴会。

重阳佳节，群贤毕集，必然要吟诗作赋。阎大人命人拿来纸笔，在场的文人雅士个个都作谦虚状，推来推去，最后推到忝陪末座的王勃面前。王勃也不客气，提笔就开写，文思泉涌，才气风发。

这一写，引得阎大人一脸乌云，拂袖而去。本来这位阎大人此举是想给自己的女婿制造一个风光的机会。女婿出了彩，岳父大人脸上也会有光。人家女婿昨天就写好稿子，只等今天亮出来。在场的人都心知肚明，才故做推辞。

王勃哪里知道内部这些小九九？这个不懂事的小子，愣将阎大人女婿的风头给抢了！

一会儿，有人进去向阎大人报告："那人写的是'豫章故郡，洪都新府'。"
阎大人说："老生常谈，人人都会！"
又报告："写的是'星分翼轸，地接衡庐'。"
阎大人说："还是老话套话。"
又报告："襟三江而带五湖，控蛮荆而引瓯越。"
阎大人不说话了。
又报告："雄州雾列，俊彩星驰。台隍枕夷夏之交，宾主尽东南之美。"
阎大人开始心动，暗暗称奇。

又报告:"落霞与孤鹜齐飞,秋水共长天一色。"

阎大人不禁以手拍案,说:"这小子落笔若有神助,真天才也!"

一脸乌云早已散去,阎大人出来走到王勃座前,拉着王勃的手,对大家说:"有了王才子这篇文章,从此洪都风月,江山无价啦!"

于是下令将王勃的大作刻石记铭,立在滕王阁前。

用现在的观点看,这位阎大人,是个好干部,懂业务,识人才,心胸开阔,权重位高而不徇私情。没有这位阎大人,就不会有王勃的《滕王阁序》,也不会有今天的滕王阁!阎大人真是功不可没。

不过谁也没有想到的是,王勃离开滕王阁不久,在渡海时,不幸淹没于滔滔海浪之中,年仅27岁。王勃是初唐四杰里最"短命"的一位诗人,很多人都感叹王勃的英年早逝。

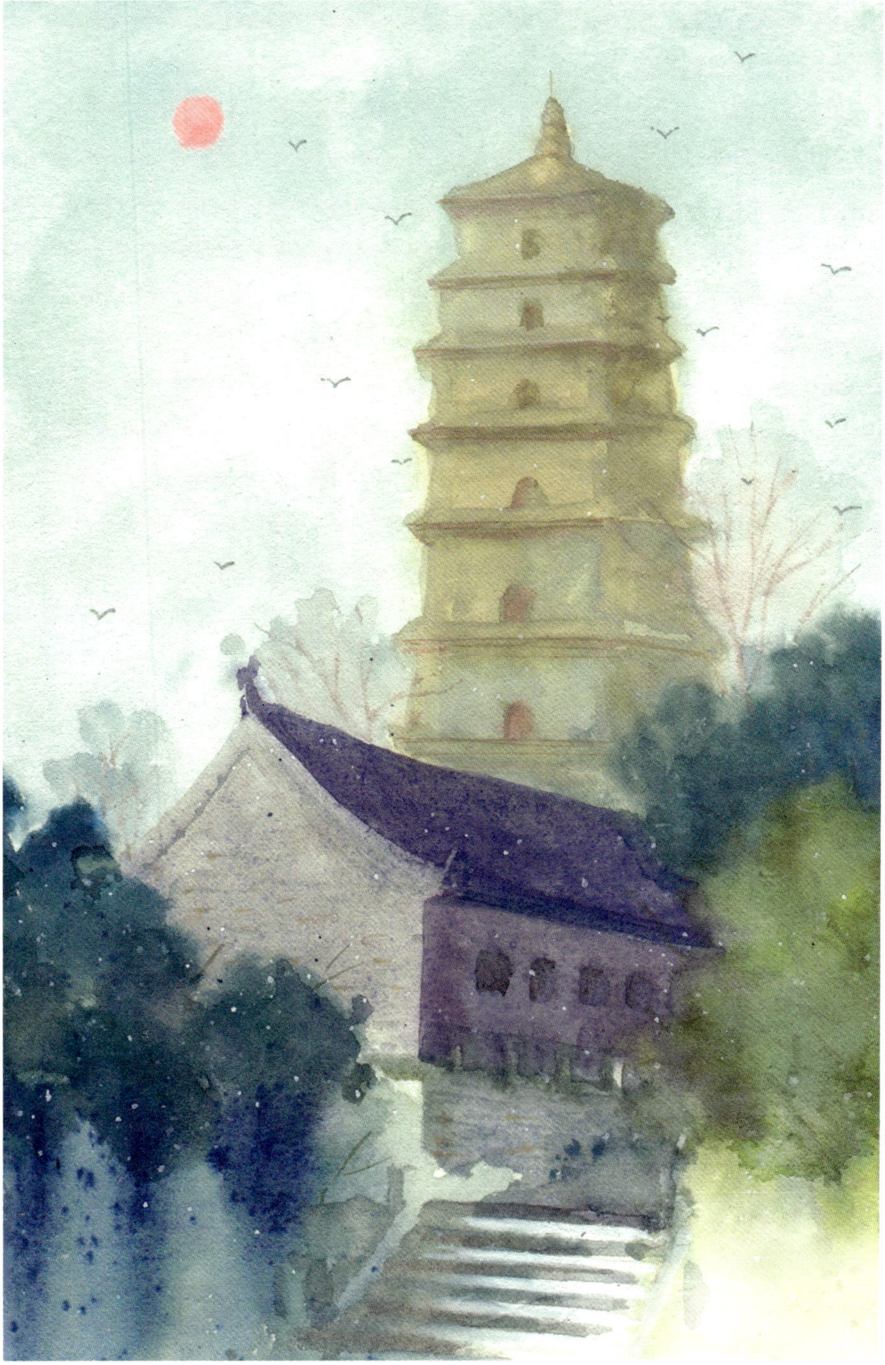

诗人创作的心路历程

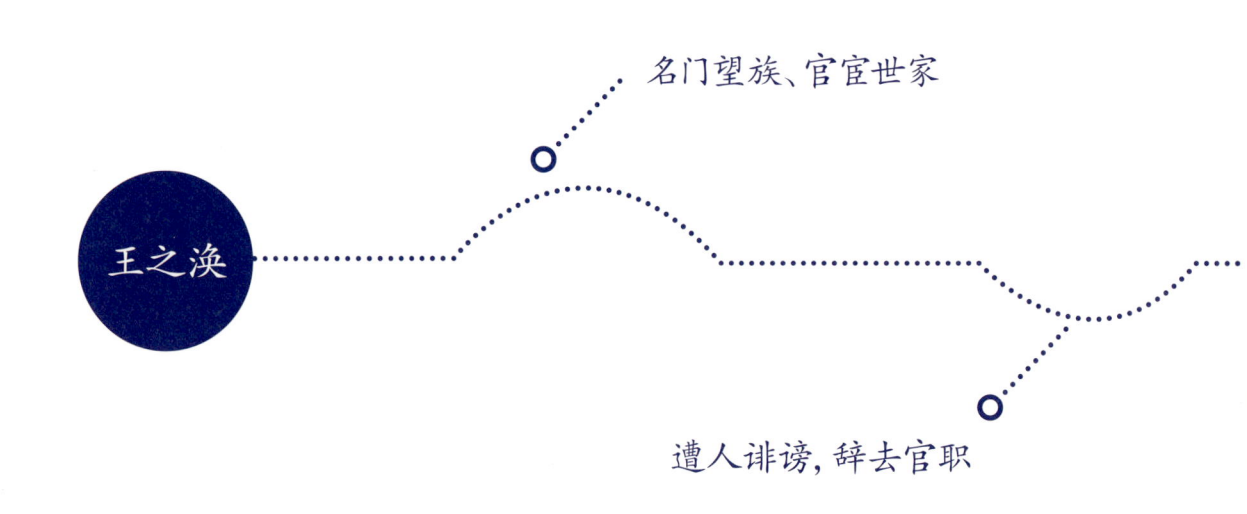

王之涣

　　名门望族、官宦世家

　　遭人诽谤，辞去官职

崔颢

　　早年写诗情志浮艳

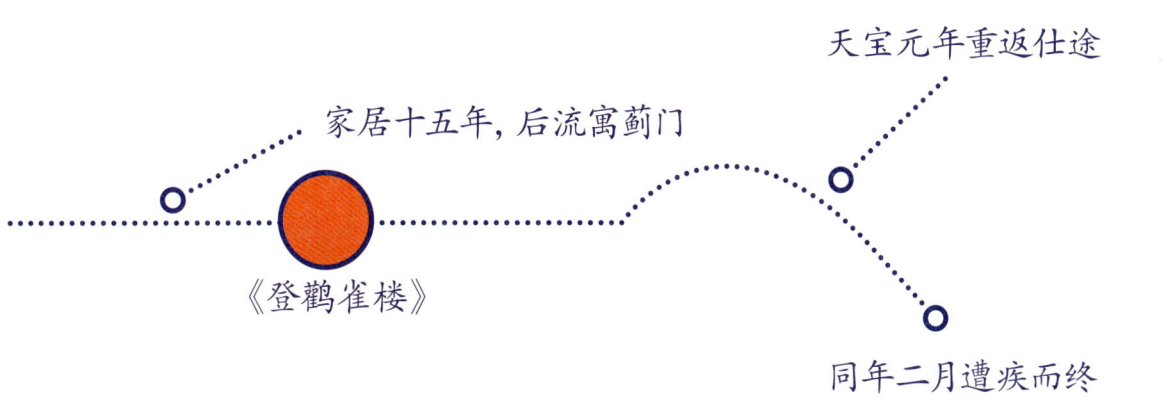

家居十五年，后流寓蓟门　　　　天宝元年重返仕途

《登鹳雀楼》

同年二月遭疾而终

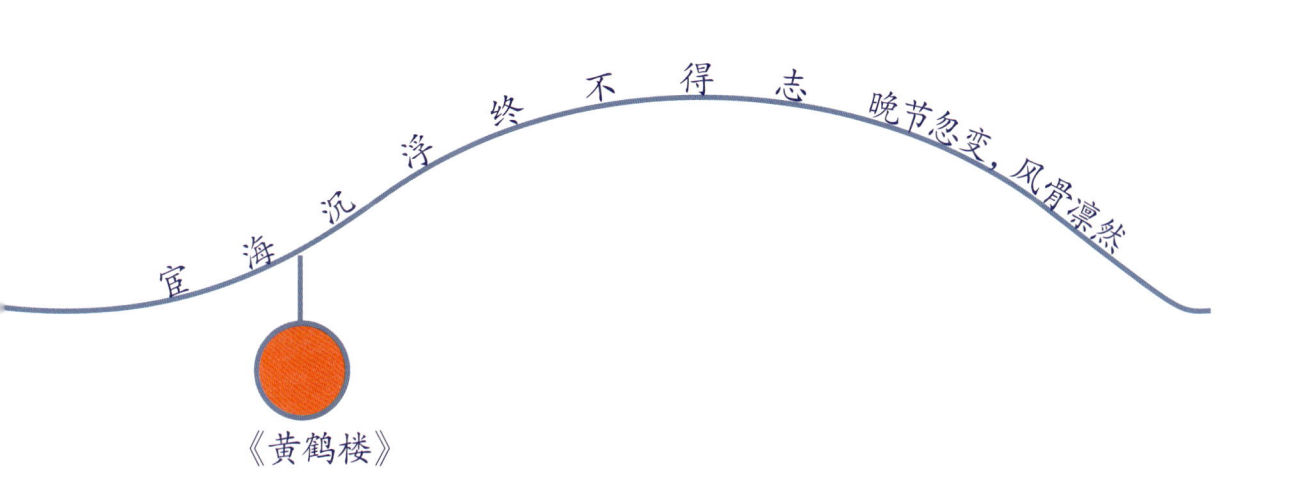

宦海沉浮终不得志　　晚节忽变，风骨凛然

《黄鹤楼》

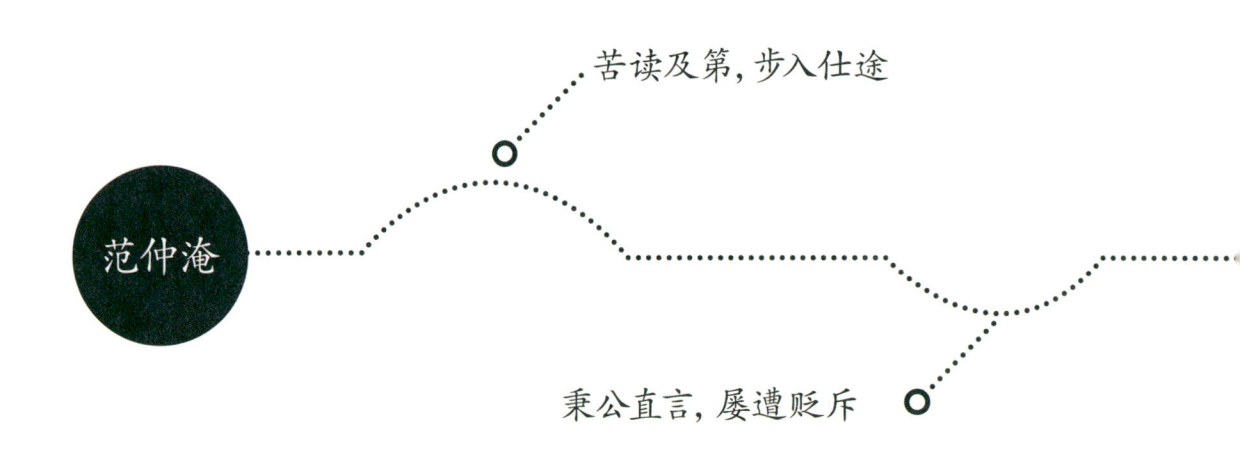

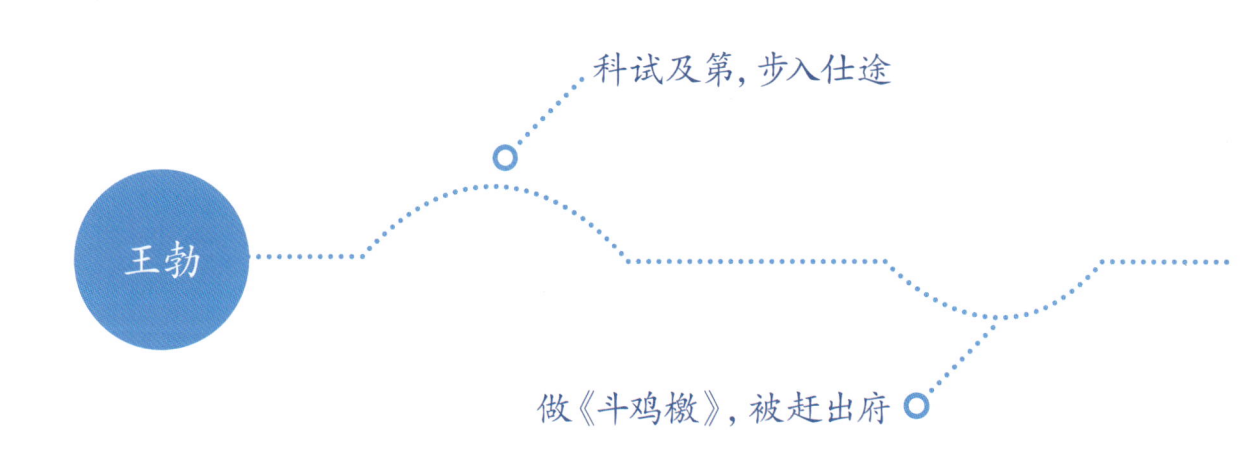

范仲淹
- 苦读及第,步入仕途
- 秉公直言,屡遭贬斥

王勃
- 科试及第,步入仕途
- 做《斗鸡檄》,被赶出府

你有没有发现,名楼中的名诗,大多是诗人经历了大起大落、坎坷曲折之后创作的。

为什么会这样呢?

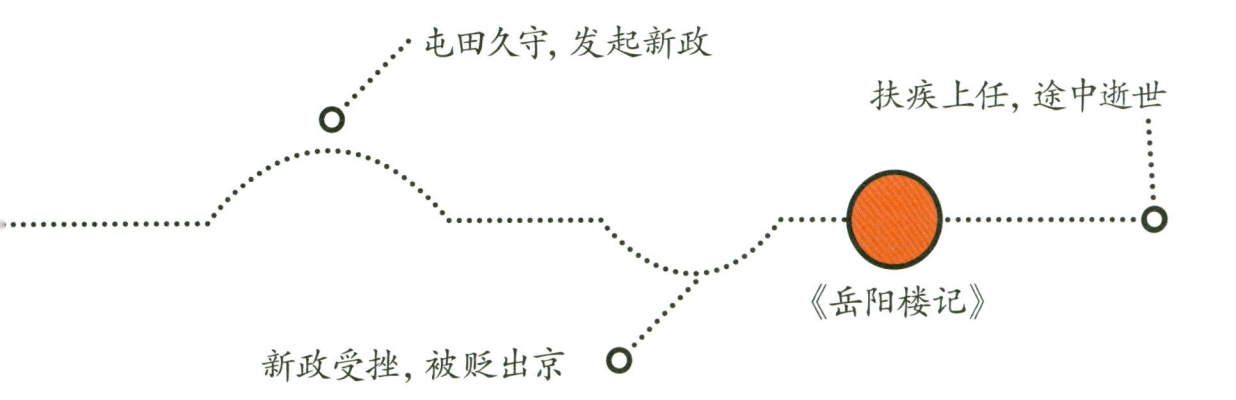

屯田久守，发起新政

扶疾上任，途中逝世

《岳阳楼记》

新政受挫，被贬出京

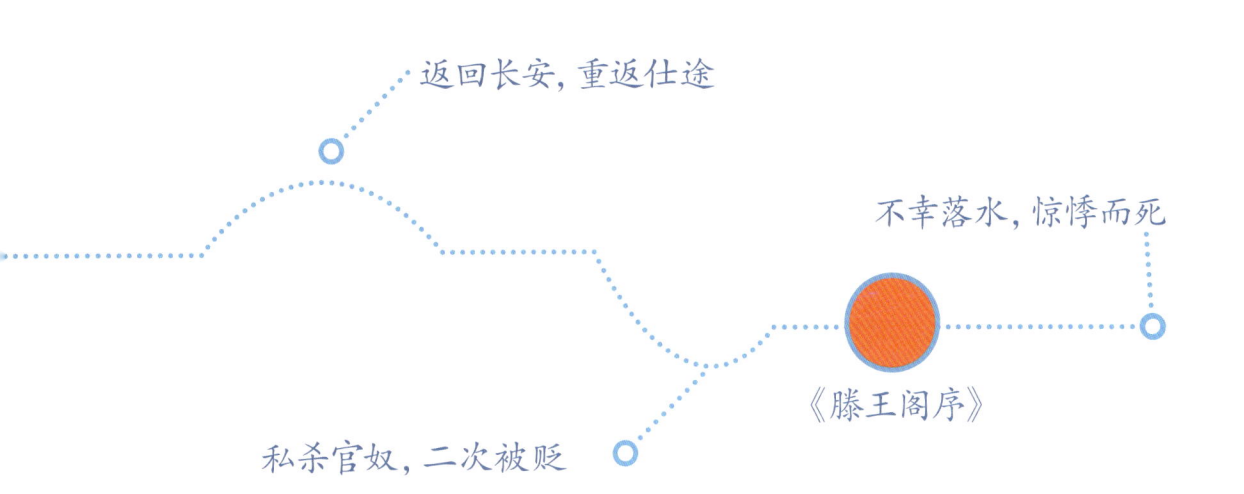

返回长安，重返仕途

不幸落水，惊悸而死

《滕王阁序》

私杀官奴，二次被贬

028 古诗词中,"楼"经常是"愁"

下面的诗词里,有许多"愁"。"愁"的原因有许多,亡国、离别、壮志难酬、报国无门、怀才不遇、相思……

小楼昨夜又东风……问君能有几多愁……⑥

少年不识愁滋味,爱上层楼。爱上层楼,为赋新词强说愁。⑦

高楼目断……无穷无尽是离愁……

对此可以酣高楼……举杯销愁愁更愁 ⑧

此地空余黄鹤楼……烟波江上使人愁 ①

吴山点点愁……月明人倚楼…… ⑨

传世诗歌

登鹳雀楼[②]

（唐）王之涣

白日依山尽，
黄河入海流。
欲穷千里目，
更上一层楼。

"楼"和"愁"经常联系在一起，但这首诗中，诗人登高望远，昂扬向上，有"愁"吗？

亭

亭是供人休息、避雨的地方，一般体积小巧，结构简单，有顶无墙，大多建在路旁或公园里。

轩

与亭相似，轩是供游人休息、纳凉、避雨与观赏四周美景的地方，也是古典园林中起点景作用的小型建筑物。轩与亭不同的地方是：轩内设有简单的桌椅等摆设，供游人歇息。

台

台最开始是指用土或砖石筑成的方形的高而平的建筑物。后来演化出很多类型。

孤山寺北贾亭西，水面初平云脚低。⑩

常记溪亭日暮，沉醉不知归路。⑪

何处是归程？长亭更短亭。⑫

小轩窗，正梳妆。⑬

舞榭歌台，风流总被，雨打风吹去。⑭

榭

阙

古代建筑中，榭是指高台上的木结构建筑，榭一般没有墙壁，只有楹柱和花窗，要与周围景色融合。现今的榭一般是水榭，在水边架一平台，一半伸入水中，一半架于岸边。

阙一般建在城池、宫殿、宅第、祀庙和陵墓前的入口处，开始是供守望用的，后来装饰功能大于实用功能，主要为了显示威严、突出门第等。

舞榭歌台，风流总被，雨打风吹去。

待从头、收拾旧山河，朝天阙。
⑮

Chapter
02

Chapter 02

流水无情亦有情

水是什么？

降水

冷凝

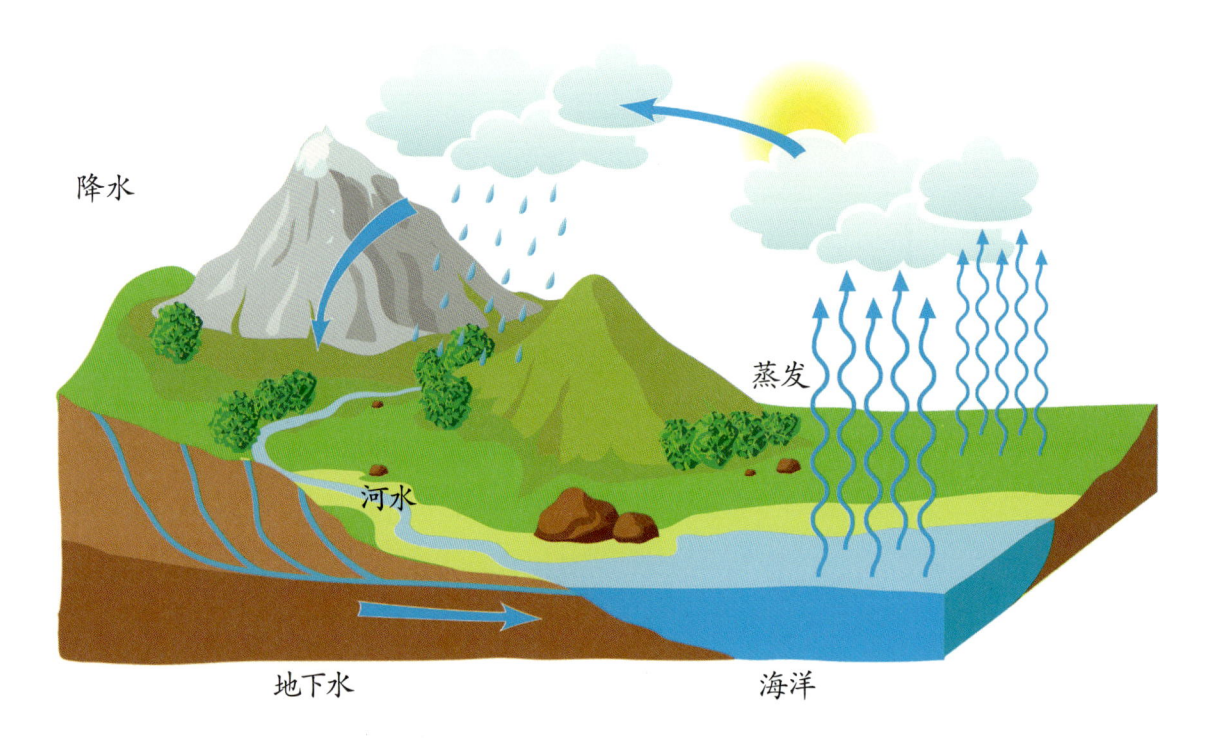

蒸发

河水

地下水　　　　　海洋

如果你翻开科学书，科学书里介绍水，会着重介绍水的"变化"。水确实会"变"：太阳一晒，变成"汽"；升到天空，变成"云"；碰到冷风，变成水珠，落下来就是"雨"了；变成小硬球落下来就是"雹子"啦！到了冬天，变成小花朵飘下来，那就是"雪"啊！

如果你翻开历史书，历史学家会告诉你，水是生命之源，是文明的摇篮。世界四大文明古国都是大江大河孕育的。

尼罗河孕育了古埃及；

印度河、恒河孕育了古印度；

底格里斯河和幼发拉底河孕育了古巴比伦；

九曲黄河、浩浩长江，孕育了我们中华民族，哺育了炎黄子孙。

那么，
在文学家眼里，
在诗人眼里，
水是什么呢？

地中海
尼罗河
古埃及文明

两河文明
幼发拉底河
底格里斯河

黄河
长江
中华古文明

印度河
恒河
古印度文明

文明辐射区
文明核心区

长歌行 ⑯

汉乐府

青青园中葵,
朝露待日晞。
阳春布德泽,
万物生光辉。
常恐秋节至,
焜黄华叶衰。
百川东到海,
何时复西归?
少壮不努力,
老大徒伤悲。

浣溪沙·游蕲水清泉寺 ⑰

(宋) 苏轼

游蕲水清泉寺,
寺临兰溪,溪水西流。

山下兰芽短浸溪,
松间沙路净无泥,
潇潇暮雨子规啼。

谁道人生无再少?
门前流水尚能西!
休将白发唱黄鸡。

将进酒 ⑱

(唐) 李白

君不见黄河之水天上来,
奔流到海不复回。
君不见高堂明镜悲白发,
朝如青丝暮成雪。
人生得意须尽欢,
莫使金樽空对月。
天生我材必有用,
千金散尽还复来。

登高 ⑲

(唐) 杜甫

风急天高猿啸哀,
渚清沙白鸟飞回。
无边落木萧萧下,
不尽长江滚滚来。
万里悲秋常作客,
百年多病独登台。
艰难苦恨繁霜鬓,
潦倒新停浊酒杯。

这些诗句都说明时间像水,

水

念奴娇·赤壁怀古 [20]

（宋）苏轼

大江东去，浪淘尽，千古风流人物。
故垒西边，人道是，三国周郎赤壁。
乱石穿空，惊涛拍岸，卷起千堆雪。
江山如画，一时多少豪杰。

遥想公瑾当年，小乔初嫁了，雄姿英发。
羽扇纶巾，谈笑间，樯橹灰飞烟灭。
故国神游，多情应笑我，早生华发。
人生如梦，一尊还酹江月。

明日歌

（明）钱鹤滩

明日复明日，
明日何其多。
我生待明日，
万事成蹉跎。
世人若被明日累，
春去秋来老将至。
朝看水东流，
暮看日西坠。
百年明日能几何？
请君听我明日歌。

昨日歌

佚名

昨日兮昨日，
昨日何其好！
昨日过去了，
今日徒烦恼。
世人但知悔昨日，
不觉今日又过了。
水去日日流，
花落日日少，
成事立业在今日，
莫待明朝悔今朝。

临江仙 [21]

（明）杨慎

滚滚长江东逝水，
浪花淘尽英雄。
是非成败转头空。
青山依旧在，
几度夕阳红。

白发渔樵江渚上，
惯看秋月春风。
一壶浊酒喜相逢。
古今多少事，
都付笑谈中。

水

不停奔流，一去不复返。

长歌行

汉乐府

青青园中葵,
朝露待日晞。
阳春布德泽,
万物生光辉。
常恐秋节至,
焜黄华叶衰。
**百川东到海,
何时复西归?
少壮不努力,
老大徒伤悲。**

> 时间就像河流,向东流入大海,再也回不来了。

《长歌行》就是在感叹时间过得快。

快到什么程度呢?"青青园中葵,朝露待日晞",早上,园中的葵花还一片葱郁,上面还能看到晶莹的露珠,可一眨眼就被初升的太阳晒干了。快到什么程度呢?春天,大地因为阳光雨露的滋润,生机勃勃。可很快,秋天就来了,绿叶红花枯黄凋零,一片萧条。时间过得太快了。诗人不由得想到,时间就像河流向东流入大海,何时才能再向西方流回?他更感慨:年轻时如果不发奋努力,年老无成只能空自悲伤。

明日歌

（明）钱鹤滩

明日复明日，
明日何其多。
我生待明日，
万事成蹉跎。
世人若被明日累，
春去秋来老将至。
朝看水东流，
暮看日西坠。
百年明日能几何？
请君听我明日歌。

> 朝看水东流，
> 暮看日西坠。
> 没有人挡得住江水东流，
> 没有人挡得住时间的流逝。

《明日歌》就是在感叹没人挡得住时间的流逝。

"朝看水东流，暮看日西坠"，谁能挡得住江水东流？谁能挡得住日落西山？没人挡得住时间的车轮向前滚动，那就请珍惜时间。不要把今天的事情拖到明天，明天的事情拖到后天。我们要做到"今日事，今日毕"。短短58字的诗中竟然7处用了"明日"，作者反反复复地提到"明日"，似乎强调了"明日"，更让我们感受到了"今日"的珍贵。

登高

（唐）杜甫

风急天高猿啸哀，
渚清沙白鸟飞回。
无边落木萧萧下，
不尽长江滚滚来。
万里悲秋常作客，
百年多病独登台。
艰难苦恨繁霜鬓，
潦倒新停浊酒杯。

> 时间像这长江水流逝了，
> 我不知不觉已经年老，
> 悲愁也像这长江水连绵不绝。

杜甫在感叹时间过得快啊。

时间就像这长江水一样，向东流去，谁也挡不住，不知不觉快60岁了。杜甫没想到自己日子过得如此凄惨，疾病缠身，钱也没有，想投靠好友，好友病逝，一家人跟着自己流落四方，居无定所。这天登上夔州的高台，听到的，看到的，都笼罩着一层忧愁，猿猴的啼叫声十分哀愁，河洲上的鸟儿在忧愁地盘旋。这忧愁啊，就像那无边无际的落叶正纷纷扬扬地飘下，发出萧萧的响声，就像望不到尽头的万里长江正波涛汹涌，滚滚而来，奔流而去。

将进酒

（唐）李白

君不见黄河之水天上来，
奔流到海不复回。
君不见高堂明镜悲白发，
朝如青丝暮成雪。
人生得意须尽欢，
莫使金樽空对月。
天生我材必有用，
千金散尽还复来。

> 跟"百川东到海，何时复西归"一个意思，但李白的表达更有气势。

李白也在感叹时间过得快，一去不复返。

前两句诗"君不见黄河之水天上来，奔流到海不复回"，即化用"百川东到海，何时复西归"的意思，同样也告诉我们时间一去不返啊！而"君不见高堂明镜悲白发，朝如青丝暮成雪"两句，用头发迅速由黑变白来比喻生命的短暂。这与《长歌行》前六句"青青园中葵，朝露待日晞。阳春布德泽，万物生光辉。常恐秋节至，焜黄华叶衰"具有异曲同工之妙，将人生由青春至衰老的过程说成"朝""暮"间的事，把本来短暂的说得更短暂。多么形象，多么深刻啊！李白写这首诗的时候也是人生失意的时刻。（具体可看《诗词大发现1》第一章《李白的远游》）

念奴娇·赤壁怀古

(宋)苏轼

大江东去,浪淘尽,
千古风流人物。
故垒西边,人道是,
三国周郎赤壁。
乱石穿空,惊涛拍岸,
卷起千堆雪。
江山如画,一时多少豪杰。

遥想公瑾当年,小乔初嫁了,
雄姿英发。
羽扇纶巾,谈笑间,
樯橹灰飞烟灭。
故国神游,多情应笑我,
早生华发。
人生如梦,一尊还酹江月。

> 时间就如那江水东去,无情流逝。

苏东坡也感叹时间过得快啊!

时间确实过得快啊,一眨眼自己47岁了。苏轼21岁中进士,可他的仕途一路坎坷啊!由于反对王安石的新法,他的仕途也如江之波澜几上几下,得意,失意,失意,得意……可是,苏轼天生豁达,想着想着,自己也乐观起来。"大江东去,浪淘尽,千古风流人物。"在苏轼看来,当年潇洒从容、声名盖世的周瑜现今又如何呢?随着时间的流逝,不也被人遗忘了吗?大江东去,时间巨流的无情流逝,带走了千古的大好岁月,也带走了千古英雄人物。这样一想,自己这点困难,就不算什么了。

浣溪沙·游蕲水清泉寺

（宋）苏轼

游蕲水清泉寺，
寺临兰溪，
溪水西流。

山下兰芽短浸溪，
松间沙路净无泥，
潇潇暮雨子规啼。

谁道人生无再少？
门前流水尚能西！
休将白发唱黄鸡。

> 门前的溪水还能向西流淌呢，人生为什么就不能像溪水倒流回到少年时期？

苏轼豁达向上的达观精神表现得更充分了。

同一年（1082年），苏轼在黄州游蕲水清泉寺时，他又写下了《浣溪沙·游蕲水清泉寺》：山脚下刚生长出来的幼芽浸泡在溪水中，松林间的沙路被雨水冲洗得一尘不染。傍晚，下起了小雨，布谷鸟的叫声从松林中传出。谁说人生就不能再回到少年时期？门前的溪水还能向西边流淌！不要在老年感叹时光的飞逝啊！大家都写"大江东去"，写"流水向西"的可能只有苏轼一人了。

临江仙

（明）杨慎

滚滚长江东逝水，
浪花淘尽英雄。
是非成败转头空。
青山依旧在，
几度夕阳红。

白发渔樵江渚上，
惯看秋月春风。
一壶浊酒喜相逢。
古今多少事，
都付笑谈中。

> 这句诗化用了杜甫《登高》之『无边落木萧萧下，不尽长江滚滚来』和苏轼的『大江东去，浪淘尽，千古风流人物』。

是呀，古今多少事，都付笑谈中！时光如浪花般把叱咤风云的英雄们的丰功伟绩冲刷干净，遗忘在历史的长河之中。罗贯中《三国演义》的卷头词就是"滚滚长江东逝水，浪花淘尽英雄"。1994年拍摄的《三国演义》把这首《临江仙》作为主题歌歌词。杨洪基先生那慷慨悲壮、意味无穷、荡气回肠的音调，令人不由得在心头平添万千感慨。那种高洁的情操、旷达的胸怀油然而生。时间像水，水像时间啊！

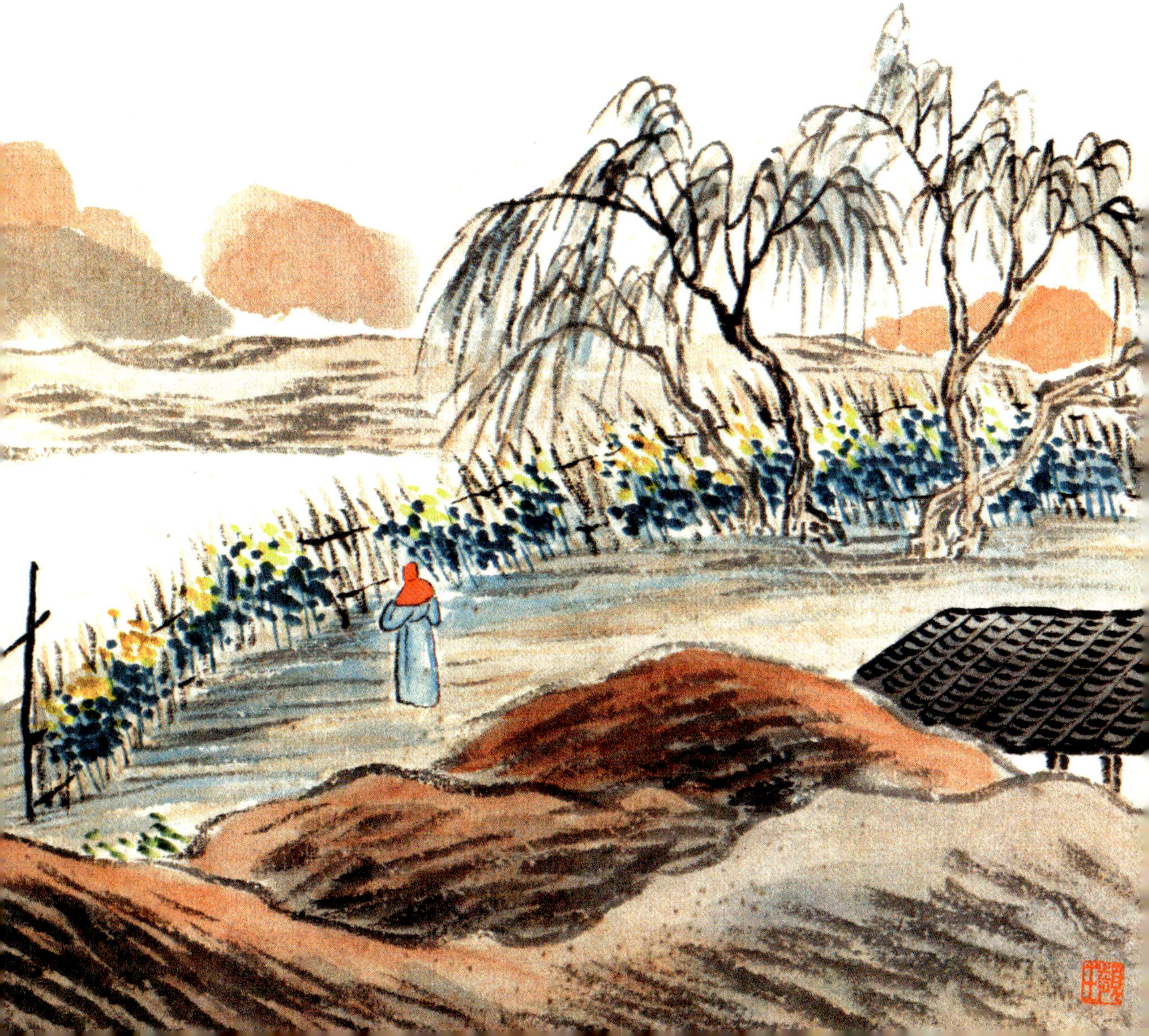

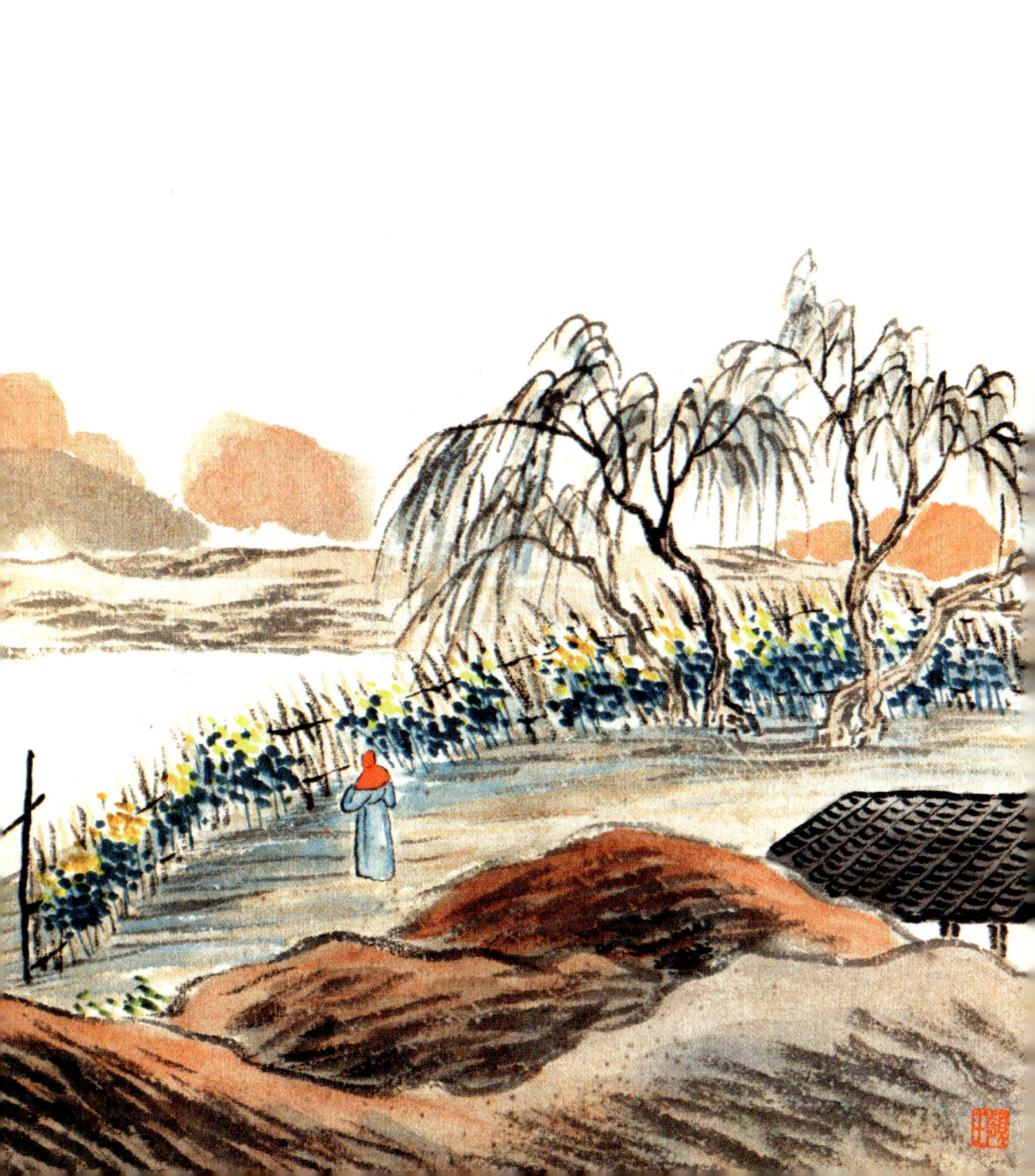

诗经·蒹葭 ㉒

蒹葭苍苍，白露为霜。所谓伊人，在水一方。溯洄从之，道阻且长。溯游从之，宛在水中央。

蒹葭萋萋，白露未晞。所谓伊人，在水之湄。溯洄从之，道阻且跻。溯游从之，宛在水中坻。

蒹葭采采，白露未已。所谓伊人，在水之涘。溯洄从之，道阻且右。溯游从之，宛在水中沚。

卜算子 ㉓

（宋）李之仪

我住长江头，君住长江尾。日日思君不见君，共饮长江水。

此水几时休，此恨何时已。只愿君心似我心，定不负相思意。

迢迢牵牛星 ㉔

《古诗十九首》

迢迢牵牛星，皎皎河汉女。纤纤擢素手，札札弄机杼。终日不成章，泣涕零如雨。河汉清且浅，相去复几许？盈盈一水间，脉脉不得语。

水是阻隔

《蒹葭》选自《诗经·国风·秦风》，是2500年前的一首汉族民谣。

"伊人"是谁？是男的是女的？学界一直有争论，但不管是谁，是"我"思念的人总没错。这段民谣记叙了两个相互思念的人没法见面。为什么？因为"水的阻隔"。整段民谣的意思是：

芦苇长得茂盛，清晨的露水变成霜。我思念的人啊，就站在对岸河边上。逆流而上去追寻她（他），追随她（他）的道路险阻又漫长。顺流而下寻寻觅觅，她（他）仿佛在河水中央。

芦苇长得茂盛，清晨露水尚未晒干。我思念的人啊，就在河水对岸。逆流而上去追寻她（他），那道路坎坷又艰难。顺流而下寻寻觅觅，她（他）仿佛在水中小洲之上。

芦苇长得茂盛，清晨露珠还没蒸发完毕。我思念的人啊，就在河岸一边。逆流而上去追寻她（他），那道路弯曲又艰险。顺流而下寻寻觅觅，她（他）仿佛在水中的沙滩上。

诗经·蒹葭

蒹葭苍苍，白露为霜。所谓伊人，在水一方。溯洄从之，道阻且长。溯游从之，宛在水中央。

蒹葭萋萋，白露未晞。所谓伊人，在水之湄。溯洄从之，道阻且跻。溯游从之，宛在水中坻。

蒹葭采采，白露未已。所谓伊人，在水之涘。溯洄从之，道阻且右。溯游从之，宛在水中沚。

卜算子

（宋）李之仪

我住长江头，
君住长江尾。
日日思君不见君，
共饮长江水。

此水几时休，
此恨何时已。
只愿君心似我心，
定不负相思意。

　　有人认为"君住长江尾"的那个"君"是一位年轻貌美的奇女子，是太平州一位绝色歌伎，歌伎就是以演唱为工作的女性，歌伎名叫杨姝。杨姝不仅貌美如花还很有正义感。1103年，写这首词的李之仪被贬到太平州。祸不单行，他的女儿、儿子、夫人相继去世，李之仪跌落到了人生的谷底，心里郁闷、伤心。这时李之仪遇到了杨姝，李之仪对杨姝一见倾心，把她当知音，听她唱歌，为她写曲子。

　　这年秋天，李之仪携杨姝来到长江边，面对知冷知热的知己，面对滚滚东逝奔流不息的江水，心中涌起万般柔情，写下了这首千古流传的词。相信小朋友读着这首词，就能感受到那份绵绵不尽的相思情意犹如那悠悠的长江水，多么的坚定不移啊！你听：我住在长江的江头（上游），你住在长江的江尾（下游）。我天天在江头思念你，却没有办法见到你；我们俩天天都在共饮这条长江水。长江之水，悠悠东流，不知道什么时候才能停止，自己的相思离别之恨也不知道什么时候才能停歇。只希望你的心像我一样，就一定不会辜负我这一份深浓的相思情意。

江水是阻隔,阻隔着有情人不能日日相见,但是阻隔不了他们心中的那份情啊!

迢迢牵牛星

《古诗十九首》

迢迢牵牛星,
皎皎河汉女。
纤纤擢素手,
札札弄机杼。
终日不成章,
泣涕零如雨。
河汉清且浅,
相去复几许?
盈盈一水间,
脉脉不得语。

水,阻隔了诗人对日思夜想的"伊人"的追寻,追寻之路险阻曲折;河,也让有情人天各一方,每年只能相会一次。说到这,大家是否想到了"牛郎织女"这个民间传说。

这首《迢迢牵牛星》就描述了牛郎和织女被分隔在"银河"两边的情景:织女坐在织布机边哭泣,她手上摆弄着织布机上的梭子,梭子飞快地穿梭。可是,泪如雨下的她始终无法织出一块完整的布。银河里的水又清又浅,可是就是这银河把她和牛郎分隔在两边,不能相会。

水中有情

黄鹤楼送孟浩然之广陵㉗
（唐）李白

故人西辞黄鹤楼，
烟花三月下扬州。
孤帆远影碧空尽，
唯见长江天际流。

金陵酒肆留别㉕
（唐）李白

风吹柳花满店香，
吴姬压酒劝客尝。
金陵子弟来相送，
欲行不行各尽觞。
请君试问东流水，
别意与之谁短长？

赠汪伦㉖
（唐）李白

李白乘舟将欲行，
忽闻岸上踏歌声。
桃花潭水深千尺，
不及汪伦送我情。

长相思⑨
（唐）白居易

汴水流，泗水流，
流到瓜州古渡头，
吴山点点愁。
思悠悠，恨悠悠，
恨到归时方始休，
月明人倚楼。

虞美人⑥
（五代）李煜

春花秋月何时了，
往事知多少？
小楼昨夜又东风，
故国不堪回首月明中。
雕栏玉砌应犹在，
只是朱颜改。
问君能有几多愁？
恰似一江春水向东流。

金陵酒肆留别

（唐）李白

风吹柳花满店香，
吴姬压酒劝客尝。
金陵子弟来相送，
欲行不行各尽觞。
请君试问东流水，
别意与之谁短长？

> 离别的情意比绵绵的江水还要长啊！

离别的情意像那绵绵的江水。李白和谁的情谊这么深？

25岁的李白在金陵（今江苏南京）已经待了大半年时间。726年春天，诗人要去扬州，临行之际，朋友在酒店为他饯行。

李白一走进酒店，就看到满面春风的酒家女殷勤地招呼客人，她拿出新酿的米酒，当着诗人的面打开，顷刻间，沁人心脾的香气扑鼻而来，令人陶醉，让人迷恋！一副令人陶醉的春光春色跃然纸上。饯行的酒啊，你斟我敬，每次都爽快地干杯畅饮。面对美丽的江南风景和朋友们的盛情挽留，李白心里感动，忍不住在心里问道：滚滚东流的江水呀，你和离别的情意相比，哪个更长？

赠汪伦

（唐）李白

李白乘舟将欲行，
忽闻岸上踏歌声。
桃花潭水深千尺，
不及汪伦送我情。

> 友情比潭水还要深啊！

这天，李白要离开了，就在李白即将乘船时，岸上传来了送行的歌声！回头一看，原来是汪伦来送行了。已阅尽人间沧桑的李白，此时备感友情真挚无比，对着眼前风光绮丽的桃花潭水，深情地吟道："桃花潭水深千尺，不及汪伦送我情。"这两句诗和《金陵酒肆留别》的"请君试问东流水，别意与之谁短长？"有异曲同工之妙，但流传更广，为什么？因为这句诗质朴直白，让人觉得亲切自然，友人间的深情厚谊直入心窝！

长相思

（唐）白居易

汴水流，泗水流，
流到瓜州古渡头。
吴山点点愁。

思悠悠，恨悠悠，
恨到归时方始休。
月明人倚楼。

> 那哀愁啊，就像汴水、泗水，不停地流啊流。

开头一句为什么写汴水和泗水？其实诗人不只是在写景，而是在表达自己的哀愁，就像那江水不停地流啊流。白居易这首《长相思》，写的是他对宠姬樊素的怀念。樊素是杭州人，能歌善舞，因为种种原因，樊素自求离去，白居易非常不舍，看着一去不复回的汴水、泗水，他是多么伤感啊！

"汴水长流啊，泗水长流，流到古老的瓜洲渡口，远远望去，江南群山，仿佛凝聚着无限的哀愁。思念呀，怨恨呀，何时才有个尽头？一轮皎洁的明月当空照，我在楼上望啊望，盼着你归来。"

黄鹤楼送孟浩然之广陵

（唐）李白

故人西辞黄鹤楼，
烟花三月下扬州。
孤帆远影碧空尽，
唯见长江天际流。

> "我"和孟浩然的友情，就像那长江水，绵延不绝。

情感是抽象的，即使再深再浓，也看不见摸不着；而江水是形象的，给人的印象是绵绵不绝。你看，李白再次用"长江"遥寄他对友人无尽的不舍和留恋。

流水无情亦有情，其中的奥妙，友人间的真情，不知小朋友，你们是否能自己体会到呢？

虞美人

（五代）李煜

春花秋月何时了，
往事知多少？
小楼昨夜又东风，
故国不堪回首月明中。

雕栏玉砌应犹在，
只是朱颜改。
问君能有几多愁？
恰似一江春水向东流。

> 那忧愁啊，
> 就像那江水，
> 连绵不断，
> 没完没了，不停
> 地流啊流。

李煜忧愁的是什么？ 在唐朝灭亡之后，中原地区之外，存在过许多割据政权，其中前蜀、后蜀、南吴、南唐、吴越、闽等十余个割据政权被统称为十国。李煜是谁呢？是其中南唐的国君。

北宋建立后，要实现全国统一，先后"占领"了"十国"，其中包括南唐。975 年，李煜被俘，成为南唐的最后一个国君。在这首《虞美人》里，李煜想起了过去春花秋月般的美好时光，想起了故国的山河，怎能不悲伤呢？最后两句："问君能有几多愁？恰似一江春水向东流。"这是以流水的绵长，比喻忧愁没完没了，就像春江潮水，波涛起伏，连绵不尽地向东流去。

水

是世上生命的源泉,

是哺育文明的乳汁,

是催放诗歌之花的甘醴。

流水只是流水,

有情无情也本非流水所有。

在中国古代诗歌里,

水包含浓情厚意,

是离人之情、诗人之情、

世人之情等的寄托。

它又岂能用区区几千字来概括完呢?

而它的韵味与内涵的确值得细细品味和深入研究。

Chapter
03

Chapter 03

在诗词里
抬头望月

- 自古以来,我们的诗人都喜欢抬头望月。
- 中国诗人对月亮有一种独特的情感。
- 他们对月的惊叹和对月的深情超过世界上任何一个民族。
- 月亮是中国诗词中的重要意象。

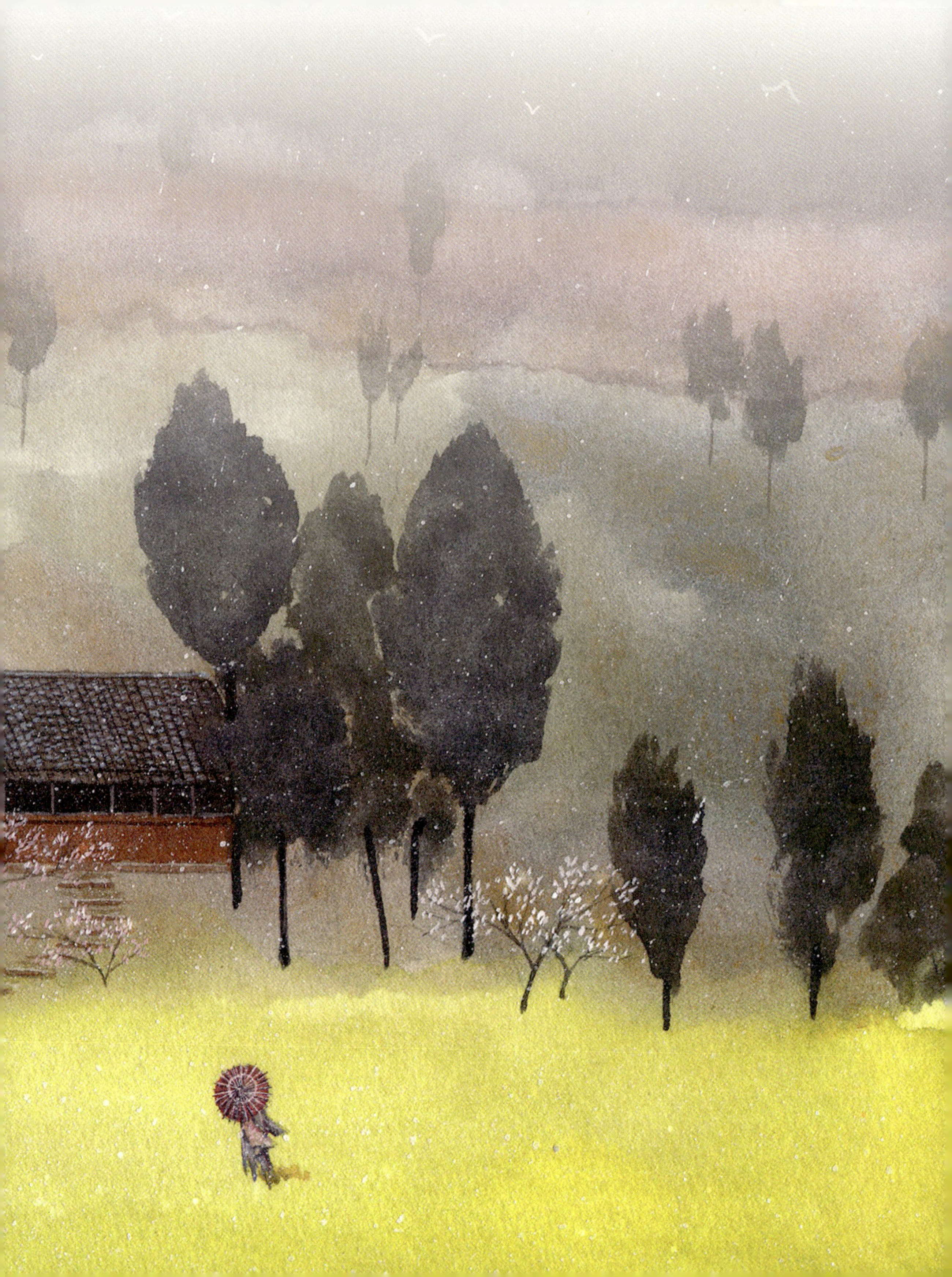

062　在哪里看月？

野旷天低树，江清月近人。[28]

海上生明月，天涯共此时。[29]

深林人不知，明月来相照。[30]

举头望明月，低头思故乡。

春风又绿江南岸，明月何时照我还。[31]

明月松间照，清泉石上流。[32]

月落乌啼霜满天，江枫渔火对愁眠。[33]

湖光秋月两相和，潭面无风镜未磨。[34]

回乐峰前沙似雪，受降城外月如霜。[35]

月黑雁飞高，单于夜遁逃。[36]

春风又绿江南岸，明月何时照我还。　　江上望月
月落乌啼霜满天，江枫渔火对愁眠。

在任何地方都可以看到月亮，你觉得写这些诗句的诗人是在哪里看月？

海上生明月，天涯共此时。　　海边望月

湖光秋月两相和，潭面无风镜未磨。　　湖边望月

明月松间照，清泉石上流。　　山中望月

深林人不知，明月来相照。　　林中望月

月黑雁飞高，单于夜遁逃。　　边塞望月
回乐峰前沙似雪，受降城外月如霜。

举头望明月，低头思故乡。　　院中望月

看月亮的情感

阅读这些带"月"的诗句,你能体会其中的情感吗?

举杯邀明**月**,对影成三人。㊲
月落乌啼霜满天,江枫渔火对愁眠。㉝

→ 失意孤苦

小楼昨夜又东风,故国不堪回首**月**明中。⑥
秦时明**月**汉时关,万里长征人未还。㊳
古人今人若流水,共看明**月**皆如此。㊴

→ 时空永恒

今夜**月**明人尽望,不知秋思落谁家?㊵
我寄愁心与明**月**,随风直到夜郎西。㊶
共看明**月**应垂泪,一夜乡心五处同。㊷
海上生明**月**,天涯共此时。㉙
明**月**几时有?把酒问青天。㊸

→ 思念亲友

春风又绿江南岸,明**月**何时照我还。㉛
露从今夜白,**月**是故乡明。㊹
举头望明**月**,低头思故乡。

→ 思念故乡

明**月**别枝惊鹊,清风半夜鸣蝉。㊺
月出惊山鸟,时鸣春涧中。㊻
明**月**松间照,清泉石上流。㉜

→ 清静,悠闲自在

诗中月

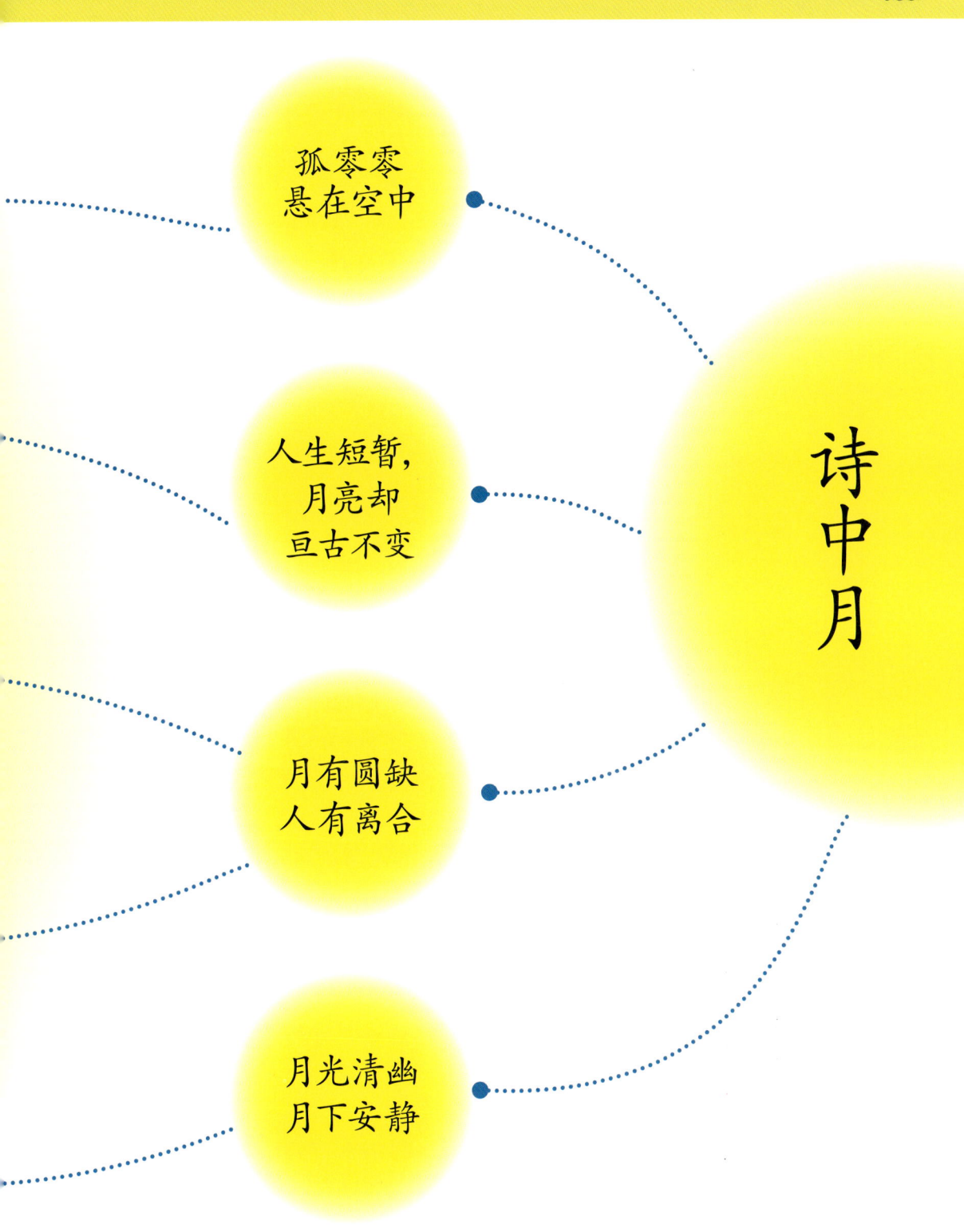

- 孤零零悬在空中
- 人生短暂，月亮却亘古不变
- 月有圆缺人有离合
- 月光清幽月下安静

看月亮，思故乡

有人可能要问了：既然想念故乡，那为什么还有这么多人要背井离乡呢？在古代，大抵有这几种情形：

- 为谋求施展才华、报效国家的更大舞台，离开家乡追寻自己的梦想。
- 到异地任职，升迁重用，或是被贬流放。
- 因为战争被迫离开家园，四处漂泊。
- 戍守边关。他们中有的是被强行征兵，卷入战争，有的是一腔热血，主动去边疆，保家卫国。

举头望明月，低头思故乡。

李白

李白离家远游，一是为了增加阅历，读万卷书不如行万里路。二是想结交名流，谋求施展才华的机会。写这首诗的李白，当时26岁，离开家已一年，暂住扬州，又生病了，忍不住思念家乡。

野旷天低树，江清月近人。

孟浩然

730年，41岁的孟浩然因为仕途困顿，离开家乡，远赴洛阳，再漫游到吴越，他想通过"游历"排遣心中的失意。

月落乌啼霜满天，江枫渔火对愁眠。㉝

张继离开家乡，是因为"安史之乱"，安史之乱持续八年，搅得中原大地民生凋敝。因为当时江南还比较安定，所以不少文士纷纷逃到今天的江苏、浙江一带避难，其中也包括张继。

回乐峰前沙似雪，受降城外月如霜。㉟

李益才华横溢，19岁中进士。但他一直担任县尉，没能升迁。后来，李益辞掉了官职，到处游历。780年，30岁的李益来到灵武，灵武位于现在的宁夏银川，是属于边疆了，李益投奔了当时的灵武节度使崔宁，驻守边关。

春风又绿江南岸，明月何时照我还。㉛

1070年，王安石被任命为宰相，推行变法，史称"王安石变法"。由于反对势力的攻击，他几次被迫辞去宰相的职务。1075年，王安石东山再起，离开家，第二次拜相进京。

总之，不管是因为什么，在那个没有视频，没有电话，没有照片的年代，离家后，再也见不到家乡的一草一木，再也听不到熟悉的乡音……唯有空中的那轮圆月，夜复一夜，年复一年，追随着游子的脚步，陪伴在他们身边。

看月亮，想亲友

夜深人静是情思最难禁的时候，而此时，天空中的月亮普照人间，甚至透过窗户，抚慰床上无眠的孤独人。相隔两地的亲人和朋友，把月亮当作通信卫星，共对一轮明月传递情思，因此古人有"月光传情"的说法。

我们来看这一组借月寄托对亲人、朋友的思念和祝愿的诗。

海上生明月，天涯共此时。㊵

张九龄

58岁的张九龄遭人排挤，被贬到湖北荆州。这天他抬头望月，想到孤身在外，心中凄凉，特别想念家人。要知道在这之前他是堂堂大唐丞相，位高权重，为"开元盛世"做出了巨大的贡献。

可现在呢？

夜里，张九龄遥望天边的明月，想起了远方亲友："此时此刻他们也该是与我望着同一轮明月吧。"

我寄愁心与明月，随风直到夜郎西。㊶

李白

李白一生广交朋友，在结交的诗人当中，王昌龄是比较重要的一位。

王昌龄一生官低名气大，位卑才气高。少年时家中清贫，30岁才参加科举考试，考中个进士，任了个"秘书省校书郎"的官职。41岁被贬往岭南，51岁被贬到龙标，龙标就是现在的湖南黔阳，在唐朝时是个很偏僻的地方。李白听说王昌龄被贬为龙标尉，特地写了一首诗寄送过去，予以安慰。李白把对友人的担忧寄托给月亮，希望它随着风一直陪着朋友平安到达夜郎西。诗短情长，令人感伤。

共看明月应垂泪，一夜乡心五处同。㊷

安史之乱，使唐朝走向衰落。

799年，河南境内有多处叛乱，朝廷派兵镇压。当时的河南是个大省，包括现在的河南省大部和山东、江苏、安徽三省的部分地区。

战争让谁最受伤？当然是老百姓。自从河南地区经历战乱，漕运受阻，饥荒四起，白居易一家兄弟姐妹流离失散。白居易的大哥在浮梁，七哥在於潜，十五哥在乌江，弟弟妹妹在符离、下邽，这些地方具体在哪里你可能不清楚，但可以肯定的是白居易一家天各一方，像秋天的蓬草一样漂泊流浪。

一天，孤独的白居易夜深难眠，抬头遥望孤悬在夜空中的明月，情不自禁地想到兄长弟妹们，"如果此时大家都在遥望这轮明月，也会和自己一样暗暗流泪吧！恐怕这一夜之中，大家深切思念家园的心，都是相同的。"

于是他把对兄弟手足的担心和关切都写进这首诗中。

明月几时有？把酒问青天。㊸

苏轼和弟弟的感情非常好。1074年，苏轼在杭州的任期快满了，于是，苏轼请求调任北方。为什么？因为弟弟苏辙在齐州（今山东济南），他已经与弟弟三年没见面了，他希望去一个离弟弟近一些的地方。如他所愿，他被调任密州（今山东诸城），密州也在山东。密州、齐州虽然相距不远，但两人忙于公事，过了两年多也没机会见面。

1076年的中秋，苏轼高兴地在月下喝酒，一直喝到第二天早晨，喝到大醉。乘酒兴正酣，挥笔写下了这首名篇。

070 看月亮，悟永恒

"今人不见古时月，今月曾经照古人。古人今人若流水，共看明月皆如此。"人世历经沧桑，时事变幻无常，月亮高挂天空，圆缺变换，周而复始，跨越时空，亘古不变。相比之下，人生是多么的短暂和渺小，因此，人们把月亮当成永恒的见证。

小楼昨夜又东风，故国不堪回首月明中。⑥

李煜

后人记住李煜，无非两方面原因。一是他是个天才诗人，并且能书善画，多才多艺。二是他是南唐的亡国之君，开宝八年（975年），宋军攻破金陵，李煜被迫降宋，沦为阶下囚，他的人生由天堂跌入地狱。

太平兴国三年（978年）七夕节，正值李煜42岁生日。那天，皓月当空，李煜登上高楼遥望远方，只见月光如水，眼前的一切更激起他对南唐故国的深深怀念。

春花又将怒放，月亮照常升起。月亮还是那个月亮，亘古不变，可是自己的故国却早已灭亡，物是人非，什么都变了。

人生代代无穷已，江月年年望相似。㊼

张若虚

闻一多赞誉这首诗为"诗中的诗，顶峰上的顶峰"。这么高的评价，《春江花月夜》确实当之无愧。此月，是永恒的象征，宇宙的化身，与人生短暂构成了诗意的对照。古人，今人，一代又一代，生命如此短暂，而江月却不知从何年开始，也没有始终。它跨越时空，阅尽人世沧桑兴亡，见证历史。张若虚创造的月意象，渗透着哲理意味。

秦时明月汉时关，万里长征人未还。㊽

王昌龄

有一句诗写得好，"兴，百姓苦，亡，百姓苦"。国家兴亡，朝代更替，最为苦累的莫过于守卫边关的将士。王昌龄就曾随军防守边疆。

夜里，一轮明月照耀着边关，此时，诗人仿佛看到的是秦汉以来的明月照耀下的无休止的战乱。自秦汉以来，战争一直没有停止过，百姓困苦不堪。

一首《出塞》，寥寥数语，穿越千年，描画了一幅永恒不变的戍边图。

那一轮明月，就象征着永恒。

Chapter
04

Chapter 04

诗歌里的鸟

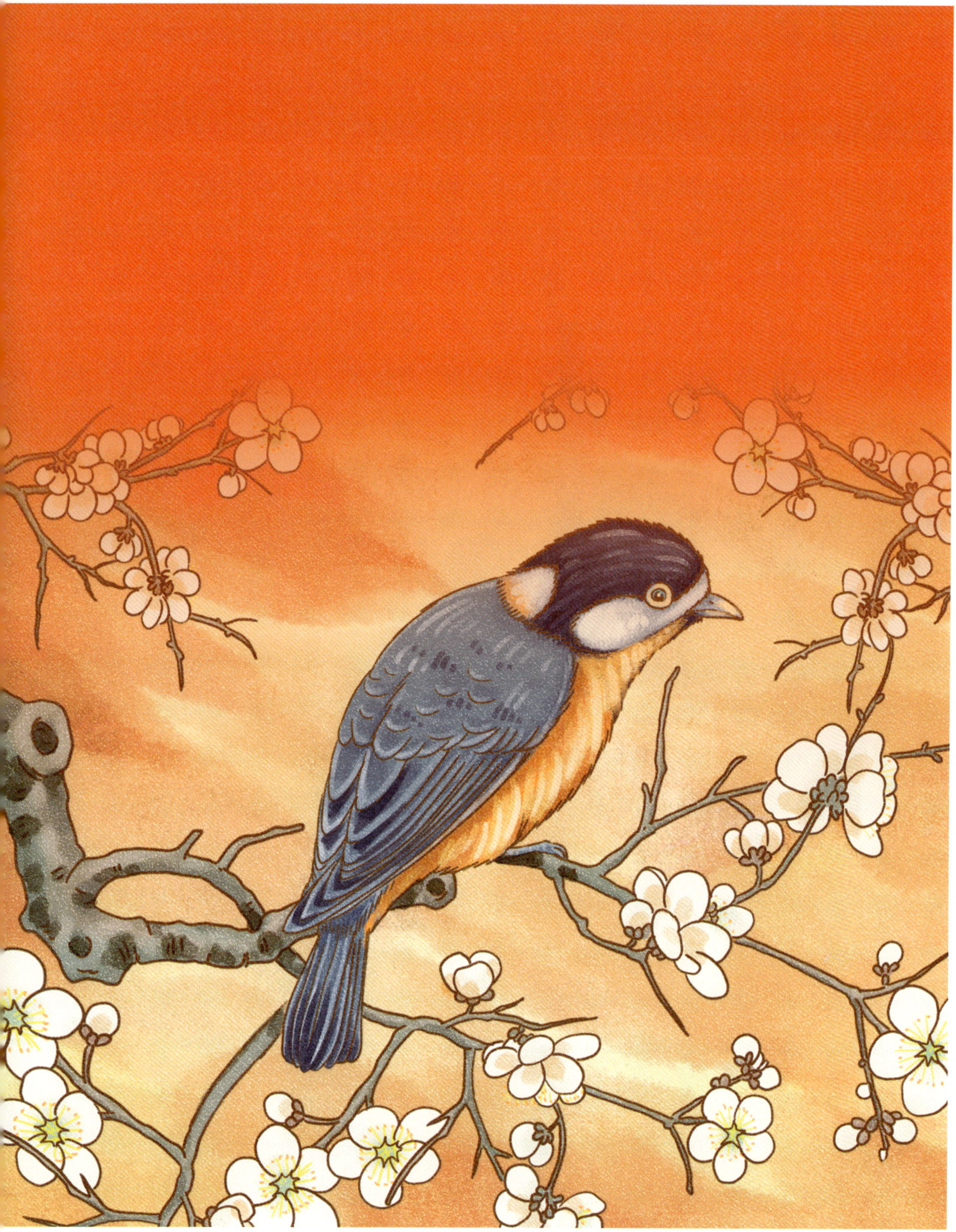

鸟的出镜率

在古诗词中,
鸟的出镜率可是非常高的。

春眠不觉晓,处处闻啼鸟。

千山鸟飞绝,万径人踪灭。[48]

月出惊山鸟,时鸣春涧中。[46]

鸟宿池边树,僧敲月下门。[49]

荡胸生曾云,决眦入归鸟。[50]

众鸟高飞尽,孤云独去闲。[51]

感时花溅泪,恨别鸟惊心。[52]

江碧鸟逾白,山青花欲燃。[53]

鸟儿这种生物,
仿佛天生就是诗人的素材,
它们的美丽、
它们的歌声、
它们的智慧,全都令诗人着迷,
令诗人的想象插上翅膀……

要是按现行标准索要出场费，那么本就不富裕的诗人词人极有可能走向破产，而鸟类则可以依靠这笔资金建立一个庞大的鸟类商业帝国。下面，我们就来看看究竟哪些鸟的出镜率比较高，所获得的出场费比较多吧。

几处早莺争暖树，谁家新燕啄春泥。⑩

草长莺飞二月天，拂堤杨柳醉春烟。㊴

两个黄鹂鸣翠柳，一行白鹭上青天。

花开红树乱莺啼，草长平湖白鹭飞。㊶

留连戏蝶时时舞，自在娇莺恰恰啼。㊷

池上碧苔三四点，叶底黄鹂一两声。㊸

独怜幽草涧边生，上有黄鹂深树鸣。㊹

绿阴不减来时路，添得黄鹂四五声。㊺

映阶碧草自春色，隔叶黄鹂空好音。㊻

古代诗词经常将「黄鹂」和「绿柳」组合在一起，用以表现生机勃勃的美丽春光。杭州的「柳浪闻莺」是西湖十景之一。

黄鹂鸟的鸣叫声悦耳动听，「听黄鹂声」成了春天踏青的代名词。

几处早莺争暖树,谁家新燕啄春泥。⑩

双飞燕子几时回?夹岸桃花蘸水开。㊶

翩翩堂前燕,冬藏夏来见。

迟日江山丽,春风花草香。泥融飞燕子,沙暖睡鸳鸯。㊾

旧时王谢堂前燕,飞入寻常百姓家。㊷

无可奈何花落去,似曾相识燕归来。㊸

1 燕子秋去春回,在诗人眼里,燕子就是春天的象征。

2 燕子出入成双成对比翼双飞,所以有「新婚燕尔」的说法。燕子也是理想爱情、美满婚姻的象征。

3 燕子的栖息不定给了诗人丰富的想象空间,有些诗人也借燕子表达漂泊流浪之苦。

4 燕子秋去春回,不忘旧巢。诗人抓住此特点,表现时事变迁,抒发昔盛今衰、人事代谢、亡国破家的感慨和悲愤。

因思杜陵梦，凫雁满回塘。⁶⁴

征蓬出汉塞，归雁入胡天。⁶⁵

长风万里送秋雁，对此可以酣高楼。⁸

乡书何处达？归雁洛阳边。⁶⁶

塞下秋来风景异，衡阳雁去无留意。⁶⁷

月黑雁飞高，单于夜遁逃。³⁶

今年寒到江乡早，未及中秋见雁飞。

千里黄云白日曛，北风吹雁雪纷纷。⁶⁸

秋雁多夜飞，前群后孤来。

云中谁寄锦书来，雁字回时，月满西楼。⁶⁹

1 『鸿雁南飞』，有诗人借大雁表达思乡之情。

2 『鸿雁传书』，古人曾将信绑在大雁腿上，让雁帮忙传递信息。有诗人借大雁表达对友人的思念。

3 古人认为大雁一生只有一个配偶，忠贞守信，因此大雁也被看作爱情的象征。

4 大雁一般共同飞翔，诗人会用『孤鸿、断鸿』表达孤单之情。

● 你能将『雁』的象征意义与诗句联系起来吗？

枯藤老树 昏鸦 ，
小桥流水人家，
古道西风瘦马。⑦

孤村落日残霞，
轻烟老树 寒鸦 。⑦

晴空一 鹤 排云上，
便引诗情到碧霄。⑦

鹤

乌鸦

1 乌鸦经常出没在坟头等荒凉之处，按照迷信的说法，乌鸦是一种不祥的鸟，在中国古典诗词中常与衰败荒凉的事物联系在一起。

2 "乌鸦反哺"是说乌鸦长大后会寻找食物喂养母亲，所以在人们眼里，乌鸦是"孝鸟"，有些诗会表现这一点。

1 "闲云野鹤"，鹤形态美丽，性情高雅，诗人经常借鹤表达隐逸、逍遥的情怀。

2 "千年鹤、万年龟"，"松鹤延年"，鹤与龟、松一样，是健康、长寿的象征。

西塞山前白鹭飞，
桃花流水鳜鱼肥。⑦³

白鹭下秋水，
孤飞如坠霜。
心闲且未去，
独立沙洲傍。

杨花落尽子规啼，
闻道龙标过五溪。
我寄愁心与明月，
随风直到夜郎西。④¹

杜鹃鸟

白鹭

1 白鹭天生丽质，身体修长，通体白色，诗人常用白鹭来表现安谧、清幽的环境。

1 传说杜鹃是上天派到凡间的神鸟。一到春末夏初，她就"布谷、布谷"叫，催促农人播种。所以杜鹃鸟又叫布谷鸟。

2 杜鹃鸟叫声哀婉，总能勾起人的乡愁。所以很多诗人会借助杜鹃鸟表达思乡之情。

3 杜鹃鸟口腔上部和舌部都为红色，所以有"杜鹃啼血"的说法。

古诗中会出现"乌鸦"

天净沙·秋思
（元）马致远

枯藤老树昏鸦，
小桥流水人家，
古道西风瘦马。
夕阳西下，
断肠人在天涯。

你能试着把这首词改成现代诗吗？

现代诗中，也常会出现"乌鸦"

乌鸦
纪弦

乌鸦来了，
唱黑色之歌；
投我的悲哀在地上，
碎如落叶。

片片落叶上，
驮着窒息的梦；
疲惫烦重的心，
乃乘鸦背以远飏。

乌鸦
（法）阿尔蒂尔·兰波

当寒冷笼罩草地，
沮丧的村落里
悠长的钟声静寂……
在萧索的自然界，
老天爷，您从长空降下
这翩翩可爱的乌鸦。
冷风像厉声呐喊的奇异军旅，
袭击你们的窝巢，
你们沿着黄流滚滚的江河，
在竖着十字架的大路上，
在沟壑和穴窟上，
散开吧，聚拢吧，
在躺满着新战死者的
法兰西隆冬的原野，
你们成千上万的盘旋，
为着引起每个行人的思考！
来做这种使命的呐喊中吧，
啊，我们，穿着丧服的乌鸦！
然而，天空的圣者，
让五月的歌莺
在栎树高处
在那消失在茫茫暮色的桅杆上，
给那些人们做伴，
一败涂地的战争
将他们交付给了
树林深处的衰草。

Chapter
05

Chapter 05

格律里的好坏

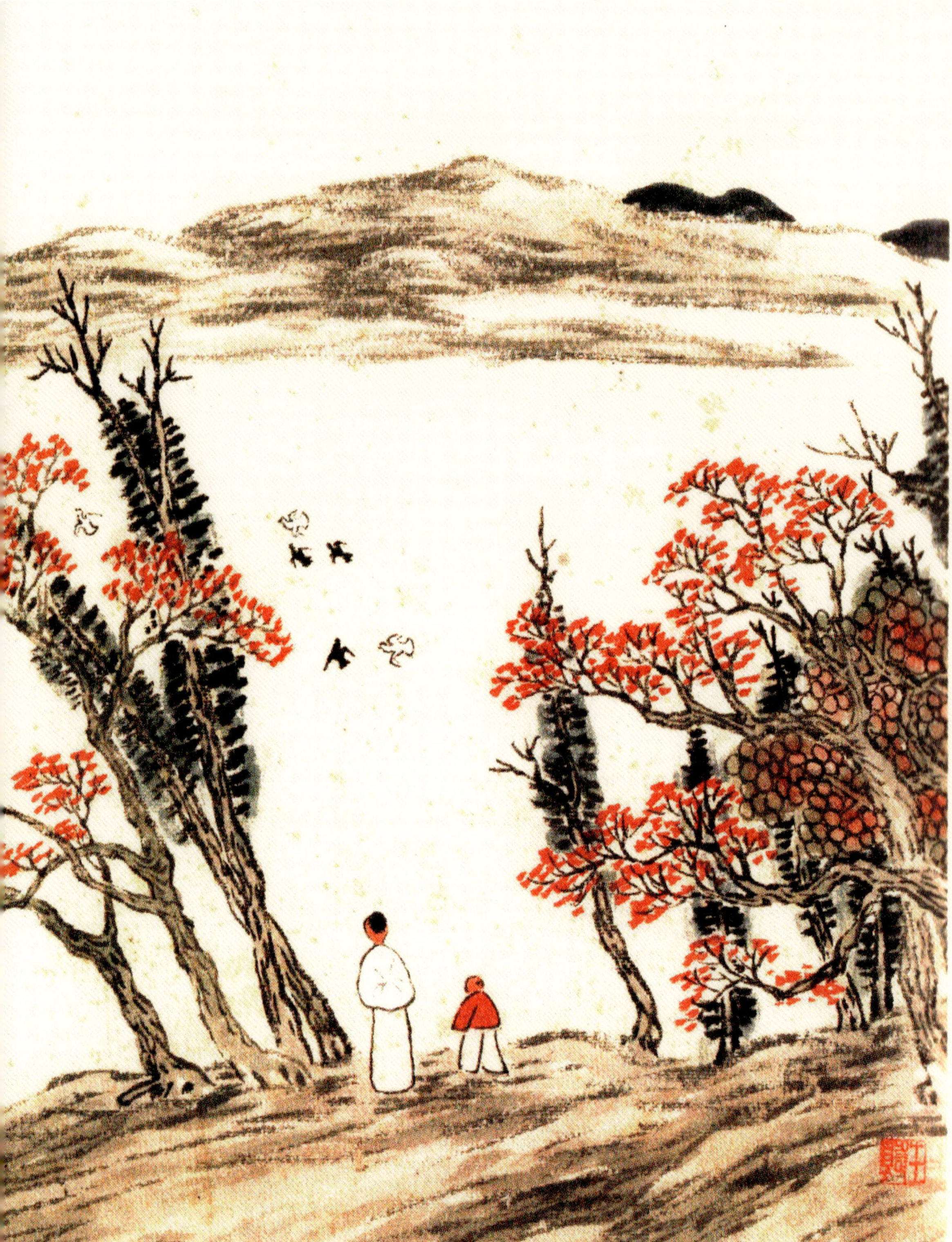

下面这些诗，哪些出现在前？哪些出现在后呢？你能按时间顺序给这些诗排排序吗？

垓下歌 ⑦⑤

力拔山兮气盖世。
时不利兮骓不逝。
骓不逝兮可奈何，
虞兮虞兮奈若何！

上邪 ⑦④

上邪！我欲与君相知，
长命无绝衰。
山无陵，江水为竭，
冬雷震震，夏雨雪，
天地合，乃敢与君绝！

敕勒歌 ⑦⑦

敕勒川，阴山下。
天似穹庐，笼盖四野。
天苍苍，野茫茫，
风吹草低见牛羊。

弹歌

断竹，
续竹；
飞土，
逐宍。

击壤歌 ⑦⑥

日出而作，
日入而息。
凿井而饮，
耕田而食。

感觉

天是灰色的
路是灰色的
楼是灰色的
雨是灰色的
在一片死灰中
走过两个孩子
一个鲜红
一个淡绿

登高 ⑲

风急天高猿啸哀,
渚清沙白鸟飞回。
无边落木萧萧下,
不尽长江滚滚来。
万里悲秋常作客,
百年多病独登台。
艰难苦恨繁霜鬓,
潦倒新停浊酒杯。

蝴蝶

两个黄蝴蝶,
双双飞上天;
不知为什么,
一个忽飞还。
剩下那一个,
孤单怪可怜;
也无心上天,
天上太孤单。

长相思 ㉘

山一程,
水一程,
身向榆关那畔行,
夜深千帐灯。

风一更,
雪一更,
聒碎乡心梦不成,
故园无此声。

垓下歌

（汉）项羽

力拔山兮气盖世，
时不利兮骓不逝。
骓不逝兮可奈何！
虞兮虞兮奈若何！

这是西楚霸王项羽败亡之前吟唱的一首诗：力量可拔山啊气概可盖世，可时运不济宝马也再难奔驰；宝马不奔驰有什么办法？虞姬呀虞姬，我该如何安排你呢？

击壤歌

日出而作，
日入而息。
凿井而饮，
耕田而食。

《击壤歌》是先秦时期的民歌。讲的是一个老人一边锄地，一边悠闲地做着"击壤"的游戏，一边唱歌：我白天出门辛苦劳作，太阳下山回家休息。凿井取水便可以解渴，在田里劳动就可以过上自给自足的生活。

弹歌

断竹，
续竹；
飞土，
逐宍。

《弹歌》相传是黄帝时代产生的一首民间歌谣，描写了古人从制作工具到狩猎的全过程。诗的意思是把竹子弄断，做成弓箭，弹出去，射猎物。很多人认为《弹歌》是我国最早的古诗。

先 → → →

后 ← ← ←

蝴蝶

胡适

两个黄蝴蝶，双双飞上天；
不知为什么，一个忽飞回还。
剩下那一个，孤单怪可怜；
也无心上天，天上太孤单。

这是胡适1916年创作的一首"新诗"。这首诗还留有旧诗的痕迹，但总体上已不用典、对仗与平仄之类，读来明白如话，新鲜活泼。

感觉

顾城

天是灰色的
路是灰色的
楼是灰色的
雨是灰色的

在一片死灰中
走过两个孩子
一个鲜红
一个淡绿

这是现代诗人顾城写的一首诗《感觉》。

敕勒歌

北朝民歌

敕勒川，阴山下。
天似穹庐，笼盖四野。
天苍苍，野茫茫，
风吹草低见牛羊。

《敕勒歌》是南北朝时期黄河流域的一首民歌，描写的是北国草原的美丽风光。

上邪

（汉）乐府民歌

上邪！我欲与君相知，
长命无绝衰。
山无陵，江水为竭，
冬雷震震，夏雨雪，
天地合，乃敢与君绝！

《上邪》是一首汉代的乐府民歌，诗中女子对心上人指天发誓，只有山不见了，水干涸了，冬天响雷了，夏日飘雪了，天地连接了，我才敢将对你的情意抛弃。

时间轴

TIME

登高

（唐）杜甫

风急天高猿啸哀，
渚清沙白鸟飞回。
无边落木萧萧下，
不尽长江滚滚来。
万里悲秋常作客，
百年多病独登台。
艰难苦恨繁霜鬓，
潦倒新停浊酒杯。

长相思

（清）纳兰性德

山一程，水一程，
身向榆关那畔行，
夜深千帐灯。
风一更，雪一更，
聒碎乡心梦不成，
故园无此声。

从唐代开始，诗歌更讲究形式上的完美，讲究声调的平仄、诗句的对仗和押韵。这样的诗叫格律诗。

唐代是个分水岭。

你看，唐代以前的诗歌形式上是比较自由的。

唐代以后，很多诗人觉得格律诗过于讲究形式，也开始尝试形式上的突破，直到现代诗产生。

我们结合杜甫的《登高》，来讲讲创作古诗的"部分"格律要求，就这"一部分"，也会把你脑袋讲晕掉。

登 高⑲

（唐）杜甫

平仄平平平仄平
风急天高猿啸哀，

仄平平仄仄平平
渚清沙白鸟飞回。

平平仄仄平平仄
无边落木萧萧下，

仄仄平平仄仄平
不尽长江滚滚来。

仄仄平平平仄仄
万里悲秋常作客，

仄平平仄仄平平
百年多病独登台。

平平仄仄平平仄
艰难苦恨繁霜鬓，

仄仄平平仄平平
潦倒新停浊酒杯。

一句之内，第二、四、六个字，必须平仄相间。

单句的最后一个字要用仄声字（第一句可以灵活运用）。

偶句的最后一个字要用平声字。并且要押韵。

押韵的字，就是韵母相同或相近的字，"回、来、台、杯"这四个字就是押韵的。

"回"字在唐代念"huai"，"杯"字唐代的读音接近于"bai"。

一首诗的第三、第四句叫"颔联"；第五、第六句叫"颈联"；第七、第八句叫"尾联"。

颔联、颈联、尾联，每句的第二、四、六个字，要平仄相间。

颈联要对仗。

同类或对立概念的词语放在相对应的位置上。

平对仄，仄对平。
平平对仄仄，
仄仄对平平。
单数可放宽，
偶数要分明。

黄鹤楼①

（唐）崔颢

昔人已乘黄鹤去，

此地空余黄鹤楼。

黄鹤一去不复返，

白云千载空悠悠。

晴川历历汉阳树，

芳草萋萋鹦鹉洲。

日暮乡关何处是？

烟波江上使人愁。

在一首诗中，出现相同的字，写法上是犯忌的。这首诗有两个"空"字，两个"去"字，三次出现了"黄鹤"。

但这首诗是唐诗中特别有名的一首，就像《红楼梦》中林黛玉教人作诗时所说的，"若是果有了奇句，连平仄虚实不对都使得的"。

这首诗对仗也不是很严谨。"汉阳"是地名，"鹦鹉"是鸟名。

"格律"的选择天平

我不喜欢格律诗

我的理由：
1. 把精力都放到声律和对偶的雕饰上去，而那种属于诗歌本质的兴发感动的生命却被忽视了。
2. 这样按部就班地赋诗填词，使初学者望而却步。

我喜欢格律诗

我的理由：
1. 格律诗简洁，用最简单的话，演最多情的事，绘最精彩的景。
2. 读起来好听。
3. 有限制才有发挥。

你喜欢格律诗吗？

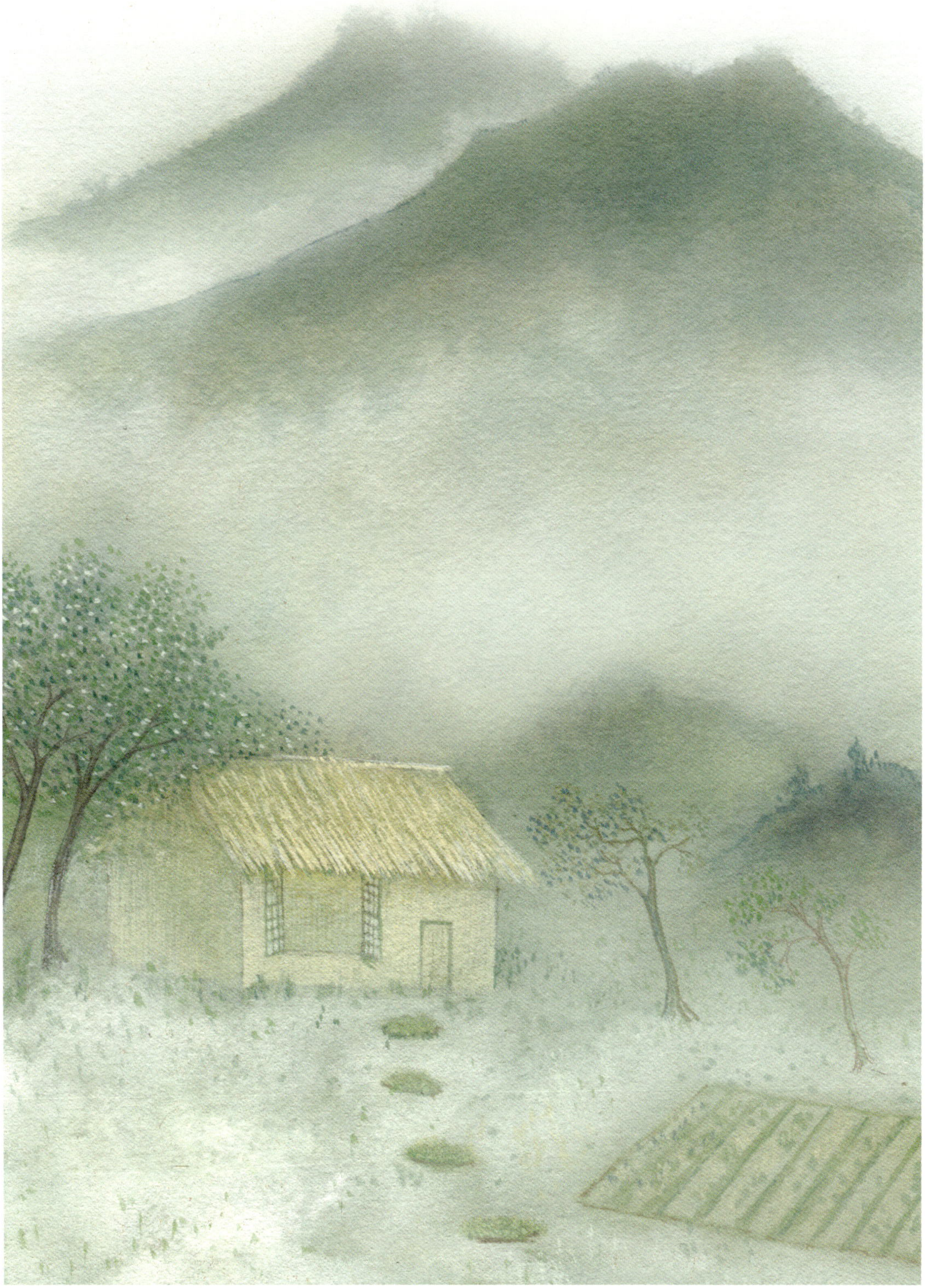

附录

附录

诗词浸染的中国名楼

① **黄鹤楼**

　　（唐）崔颢

昔人已乘黄鹤去，此地空余黄鹤楼。
黄鹤一去不复返，白云千载空悠悠。
晴川历历汉阳树，芳草萋萋鹦鹉洲。
日暮乡关何处是？烟波江上使人愁。

【注释】▲悠悠：飘荡的样子。▲川：平原。▲历历：清楚可数。▲萋萋：形容草木茂盛。▲乡关：故乡。

② **登鹳雀楼**

　　（唐）王之涣

白日依山尽，黄河入海流。
欲穷千里目，更上一层楼。

【注释】▲白日：太阳。▲依：依傍。▲尽：消失。▲穷：尽，使达到极点。

③ **岳阳楼记（节选）**

　　（宋）范仲淹

至若春和景明，波澜不惊，上下天光，一碧万顷；沙鸥翔集，锦鳞游泳；岸芷汀兰，郁郁青青。

【注释】▲至若：至于。▲景：日光。▲翔集：时而飞翔，时而停歇。集，鸟停息在树上。▲锦鳞：指美丽的鱼。鳞，代指鱼。▲游泳：或浮或沉。游，贴着水面游。泳，潜入水里游。▲芷：香草的一种。▲汀：小洲，水边平地。▲郁郁：形容草木茂盛。

④ 登岳阳楼

　　（唐）杜甫

昔闻洞庭水，今上岳阳楼。
吴楚东南坼，乾坤日夜浮。
亲朋无一字，老病有孤舟。
戎马关山北，凭轩涕泗流。

【注释】▲吴楚：春秋时二国名（吴国和楚国）。其地略在今湖南、湖北、江西、安徽、江苏、浙江一带。▲坼：分裂，这里引申为划分。▲乾坤：天地。▲戎马：军马，借指军事、战争、战乱。▲凭轩：倚着楼窗。▲涕泗：眼泪和鼻涕，偏义复指，即眼泪。

⑤ 滕王阁序（节选）

　　（唐）王勃

豫章故郡，洪都新府。星分翼轸，地接衡庐。襟三江而带五湖，控蛮荆而引瓯越。物华天宝，龙光射牛斗之墟；人杰地灵，徐孺下陈蕃之榻。

【注释】▲故：以前的。▲襟：以……为襟。因豫章在三江上游，如衣之襟，故称。▲带：以……为带。五湖在豫章周围，如衣束身，故称。▲引：连接。▲物华天宝：地上的宝物焕发为天上的宝气。

⑥ 虞美人

　　（五代）李煜

春花秋月何时了，往事知多少？小楼昨夜又东风，故国不堪回首月明中。　　雕栏玉砌应犹在，只是朱颜改。问君能有几多愁？恰似一江春水向东流。

【注释】▲了：了结，完结。▲雕栏玉砌：指远在金陵的南唐故宫。砌，台阶。▲朱颜改：指所怀念的人已衰老。▲君：作者自称。

⑦ **丑奴儿·书博山道中壁**
　　（宋）辛弃疾

少年不识愁滋味，爱上层楼。爱上层楼，为赋新词强说愁。　而今识尽愁滋味，欲说还休。欲说还休，却道天凉好个秋。

【注释】丑奴儿：词牌名。博山：在今江西省上饶市。其形状如庐山香炉峰，故名。淳熙八年（1181年）辛弃疾罢职退居上饶，常过博山。强：勉强，硬要。休：停止。

⑧ **宣州谢朓楼饯别校书叔云**
　　（唐）李白

弃我去者，昨日之日不可留。
乱我心者，今日之日多烦忧。
长风万里送秋雁，对此可以酣高楼。
蓬莱文章建安骨，中间小谢又清发。
俱怀逸兴壮思飞，欲上青天览明月。
抽刀断水水更流，举杯销愁愁更愁。
人生在世不称意，明朝散发弄扁舟。

【注释】长风：远风，大风。酣：畅饮。建安骨：指刚健遒劲的诗文风格。清发：指清新秀发的诗风。逸兴：飘逸豪放的兴致，多指山水游兴，超迈的意兴。览：通"揽"，摘取。一本作"揽"。散发：去冠披发，指隐居不仕。这里是形容狂放不羁。

⑨ **长相思**
　　（唐）白居易

汴水流，泗水流，流到瓜州古渡头。吴山点点愁。　思悠悠，恨悠悠，恨到归时方始休。月明人倚楼。

【注释】瓜州：在今江苏省扬州市南面。吴山：泛指江南群山。悠悠：深长的意思。

⑩ 钱塘湖春行

　　（唐）白居易

孤山寺北贾亭西，水面初平云脚低。
几处早莺争暖树，谁家新燕啄春泥。
乱花渐欲迷人眼，浅草才能没马蹄。
最爱湖东行不足，绿杨阴里白沙堤。

【注释】 ▲钱塘湖：即杭州西湖。▲孤山寺：南北朝时期陈文帝初年建，名承福，宋时改名广华。▲贾亭：又叫贾公亭。西湖名胜之一，唐朝贾全所筑。▲没：遮没，盖没。▲白沙堤：即今白堤，又称沙堤、断桥堤，在西湖东畔，唐朝以前已有。白居易在任杭州刺史时所筑白堤在钱塘门外，是另一条。

⑪ 如梦令·常记溪亭日暮

　　（宋）李清照

常记溪亭日暮，沉醉不知归路。
兴尽晚回舟，误入藕花深处。
争渡，争渡，惊起一滩鸥鹭。

【注释】 ▲溪亭：临水的亭台。▲晚：比合适的时间靠后，这里意思是天黑路暗了。▲争渡：怎渡，怎么才能划出去。▲起：飞起来。

⑫ 菩萨蛮·平林漠漠烟如织

　　（唐）李白

平林漠漠烟如织，寒山一带伤心碧。
暝色入高楼，有人楼上愁。
玉阶空伫立，宿鸟归飞急。何处是归程？长亭更短亭。

【注释】 ▲平林：平原上的林木。▲伤心：极甚之辞。▲伫立：长时间站立等候。

⑬ **江城子·乙卯正月二十日夜记梦**

（宋）苏轼

十年生死两茫茫，不思量，自难忘。
千里孤坟，无处话凄凉。纵使相逢
应不识，尘满面，鬓如霜。
夜来幽梦忽还乡，小轩窗，正梳妆。
相顾无言，惟有泪千行。料得年年
肠断处，明月夜，短松冈。

【注释】▲思量：想念。▲千里：王弗葬地四川眉山与苏轼任所山东密州，相隔遥远，故称"千里"。▲孤坟：其妻王氏之墓。▲小轩窗：指小室的窗前。▲顾：看。▲短松冈：苏轼葬妻之地。

⑭ **永遇乐·京口北固亭怀古**

（宋）辛弃疾

千古江山，英雄无觅，孙仲谋处。
舞榭歌台，风流总被，雨打风吹去。
斜阳草树，寻常巷陌，人道寄奴曾住。
想当年，金戈铁马，气吞万里如虎。
元嘉草草，封狼居胥，赢得仓皇北顾。
四十三年，望中犹记，烽火扬州路。
可堪回首，佛狸祠下，一片神鸦社鼓。
凭谁问，廉颇老矣，尚能饭否？

【注释】▲孙仲谋：三国时的吴王孙权，字仲谋，曾建都京口。▲寄奴：南朝宋武帝刘裕小名。▲元嘉：刘裕子刘义隆年号。▲封狼居胥：汉武帝元狩四年（公元前119年）霍去病远征匈奴，歼敌七万余，封狼居胥山而还。▲佛狸祠：北魏太武帝拓跋焘小名佛狸。450年，他曾反击刘宋，从黄河北岸一路穿插到长江北岸。在长江北岸瓜步山建立行宫，即后来的佛狸祠。▲神鸦：指在庙里吃祭品的乌鸦。▲社鼓：祭祀时的鼓声。▲廉颇：战国时赵国名将。

⑮ 满江红

（宋）岳飞

怒发冲冠，凭栏处、潇潇雨歇。抬望眼，仰天长啸，壮怀激烈。三十功名尘与土，八千里路云和月。莫等闲、白了少年头，空悲切。

靖康耻，犹未雪。臣子恨，何时灭。驾长车，踏破贺兰山缺。壮志饥餐胡虏肉，笑谈渴饮匈奴血。待从头、收拾旧山河，朝天阙。

【注释】▲怒发冲冠：气得头发竖起，以至于将帽子顶起，形容愤怒至极。▲潇潇：形容雨势急骤。▲长啸：激动时撮口发出清而长的声音，为古人的一种抒情举动。▲等闲：轻易，随便。▲靖康耻：宋钦宗靖康二年（1127年），金兵攻陷汴京，掳走徽、钦二帝。▲贺兰山：贺兰山脉位于宁夏回族自治区与内蒙古自治区交界处，当时被金兵占领。▲胡虏：秦汉时称匈奴为胡虏，后世用为与中原敌对的北方部族之通称。▲朝天阙：朝见皇帝。天阙，本指宫殿前的楼观，此指皇帝生活的地方。

流水无情亦有情

⑯ **长歌行**

　　汉乐府

青青园中葵,朝露待日晞。
阳春布德泽,万物生光辉。
常恐秋节至,焜黄华叶衰。
百川东到海,何时复西归?
少壮不努力,老大徒伤悲。

【注释】▲长歌行:汉乐府曲题。▲晞:天亮,引申为阳光照耀。▲布:散布,洒满。▲德泽:恩惠。▲焜黄:形容草木凋落枯黄的样子。▲华:同"花"。▲百川:大河流。▲徒:白白地。

⑰ **浣溪沙·游蕲水清泉寺**

　　(宋)苏轼

游蕲水清泉寺,寺临兰溪,溪水西流。

山下兰芽短浸溪,松间沙路净无泥,潇潇暮雨子规啼。　谁道人生无再少?门前流水尚能西!休将白发唱黄鸡。

【注释】▲浸:泡在水中。▲潇潇:形容雨声。▲白发:老年。▲唱黄鸡:因黄鸡可以报晓,故表示时光的流逝。

⑱ **将进酒**

　　(唐)李白

君不见黄河之水天上来,奔流到海不复回。

【注释】▲将:请。

君不见高堂明镜悲白发,朝如青丝暮成雪。
人生得意须尽欢,莫使金樽空对月。
天生我材必有用,千金散尽还复来。
烹羊宰牛且为乐,会须一饮三百杯。
岑夫子,丹丘生,将进酒,杯莫停。
与君歌一曲,请君为我倾耳听。
钟鼓馔玉不足贵,但愿长醉不复醒。
古来圣贤皆寂寞,惟有饮者留其名。
陈王昔时宴平乐,斗酒十千恣欢谑。
主人何为言少钱,径须沽取对君酌。
五花马,千金裘,呼儿将出换美酒,与尔同销万古愁。

▲高堂:房屋的正室厅堂。一说指父母。一作"床头"。▲会须:正应当。▲钟鼓:富贵人家宴会中奏乐使用的乐器。▲馔玉:形容食物如玉一样精美。▲陈王:指陈思王曹植。▲恣:纵情任意。▲径须:干脆,只管。▲五花马:指名贵的马。一说毛色作五色花纹,一说颈上长毛修剪成五瓣。▲尔:你。▲销:同"消"。

⑲ 登高

(唐)杜甫

风急天高猿啸哀,渚清沙白鸟飞回。
无边落木萧萧下,不尽长江滚滚来。
万里悲秋常作客,百年多病独登台。
艰难苦恨繁霜鬓,潦倒新停浊酒杯。

【注释】▲啸哀:指猿的叫声凄厉。▲渚:水中的小块陆地。▲萧萧:模拟草木飘落的声音。▲常作客:长期漂泊他乡。▲百年:犹言一生,这里借指晚年。▲苦恨:极恨,极其遗憾。▲繁:这里作动词,增多。▲潦倒:衰颓,失意。这里指衰老多病,志不得伸。

⑳ 念奴娇·赤壁怀古

（宋）苏轼

大江东去,浪淘尽,千古风流人物。故垒西边,人道是,三国周郎赤壁。乱石穿空,惊涛拍岸,卷起千堆雪。江山如画,一时多少豪杰。

遥想公瑾当年,小乔初嫁了,雄姿英发。羽扇纶巾,谈笑间,樯橹灰飞烟灭。故国神游,多情应笑我,早生华发。人生如梦,一尊还酹江月。

【注释】▲赤壁:指黄州赤壁,在今湖北黄冈西。▲淘:冲洗,冲刷。▲风流人物:指杰出的历史名人。▲故垒:过去遗留下来的营垒。▲周郎:指东汉吴国名将周瑜,字公瑾,少年得志,二十四岁为中郎将,掌管东吴重兵,吴中皆称之为"周郎"。下文中的"公瑾",即指周瑜。▲雪:比喻浪花。▲雄姿英发:形容周瑜体貌不凡,言谈卓绝。▲羽扇纶巾:古代儒将的便装打扮。▲樯橹:这里代指曹操的水军战船。▲尊:通"樽",酒杯。

㉑ 临江仙

（明）杨慎

滚滚长江东逝水,浪花淘尽英雄。是非成败转头空。青山依旧在,几度夕阳红。　白发渔樵江渚上,惯看秋月春风。一壶浊酒喜相逢。古今多少事,都付笑谈中。

【注释】▲东逝水:江水向东流逝而去,这里将时光比喻为江水。▲淘尽:荡涤一空。▲渔樵:指隐居不问世事的人。▲秋月春风:指良辰美景,也指美好的岁月。

㉒ 诗经·蒹葭

蒹葭苍苍,白露为霜。所谓伊人,

【注释】▲蒹:没长穗的芦苇。葭:初生的芦苇。▲苍苍:茂盛的样子。▲所谓:所说的,此指所怀念的。▲伊人:那个人,

在水一方。溯洄从之，道阻且长。
溯游从之，宛在水中央。
蒹葭萋萋，白露未晞。所谓伊人，
在水之湄。溯洄从之，道阻且跻。
溯游从之，宛在水中坻。
蒹葭采采，白露未已。所谓伊人，
在水之涘。溯洄从之，道阻且右。
溯游从之，宛在水中沚。

指所思慕的对象。溯洄：逆流而上。晞：干。湄：水和草交接的地方，也就是岸边。跻：水中高地。坻：水中的沙滩。涘：水边。右：迂回曲折。沚：水中的沙滩。

㉓ 卜算子

（宋）李之仪

我住长江头，君住长江尾。日日思
君不见君，共饮长江水。　此水
几时休，此恨何时已。只愿君心似
我心，定不负相思意。

【注释】休：停止。已：完结，停止。定：此处为衬字。

㉔ 迢迢牵牛星

《古诗十九首》

迢迢牵牛星，皎皎河汉女。
纤纤擢素手，札札弄机杼。
终日不成章，泣涕零如雨。

【注释】迢迢：遥远的样子。纤纤：纤细修长的样子。擢：引，抽，有伸出的意思。札札：象声词，机织声。杼：织布机上的梭子。章：指布帛上的经纬纹理，这里指整幅的布帛。

河汉清且浅，相去复几许？
盈盈一水间，脉脉不得语。

㉕ 金陵酒肆留别
（唐）李白

风吹柳花满店香，吴姬压酒劝客尝。
金陵子弟来相送，欲行不行各尽觞。
请君试问东流水，别意与之谁短长？

㉖ 赠汪伦
（唐）李白

李白乘舟将欲行，忽闻岸上踏歌声。
桃花潭水深千尺，不及汪伦送我情。

㉗ 黄鹤楼送孟浩然之广陵
（唐）李白

故人西辞黄鹤楼，烟花三月下扬州。
孤帆远影碧空尽，唯见长江天际流。

▲间：间隔。

【注释】▲酒肆：酒店。▲压酒：压糟取酒。古时新酒酿熟，临饮时方压糟取用。▲不行：不走的人，即送行的人，指金陵子弟。▲觞：酒杯。

【注释】▲踏歌：唐代一种广为流行的民间歌舞形式，一边唱歌，一边用脚踏地打拍子，可以边走边唱。▲桃花潭：在今安徽泾县西南一百里，深不可测。诗人用潭水深千尺比喻汪伦与他的友情，运用了夸张的手法。▲不及：不如。

【注释】▲之：往，去。▲西辞：黄鹤楼在广陵的西面，在黄鹤楼辞别去广陵，所以说"西辞"。▲烟花：指柳如烟、花似锦的明媚春光。▲唯见：只能见到。

在诗词里抬头望月

㉘ **宿建德江**

（唐）孟浩然

移舟泊烟渚，日暮客愁新。
野旷天低树，江清月近人。

【注释】 ▲泊：停船靠岸。▲烟渚：指江中雾气笼罩的小沙洲。渚：水中小块陆地。▲旷：空阔远大。

㉙ **望月怀远**

（唐）张九龄

海上生明月，天涯共此时。
情人怨遥夜，竟夕起相思。
灭烛怜光满，披衣觉露滋。
不堪盈手赠，还寝梦佳期。

【注释】 ▲情人：多情的人，指作者自己；一说指亲人。▲竟夕：终宵，即一整夜。▲盈：满。

㉚ **竹里馆**

（唐）王维

独坐幽篁里，弹琴复长啸。
深林人不知，明月来相照。

【注释】 ▲幽篁：幽深的竹林。▲长啸：撮口而呼，这里指吟咏、歌唱。

㉛ **泊船瓜洲**

（宋）王安石

京口瓜洲一水间，钟山只隔数重山。
春风又绿江南岸，明月何时照我还。

【注释】 ▲泊：停泊。指停泊靠岸。▲绿：这里用作动词，吹绿。

㉜ 山居秋暝

（唐）王维

空山新雨后，天气晚来秋。
明月松间照，清泉石上流。
竹喧归浣女，莲动下渔舟。
随意春芳歇，王孙自可留。

【注释】 ▲暝：日落，天色将晚。▲新：刚刚。▲随意：任凭。▲歇：消散，消失。▲留：居。

㉝ 枫桥夜泊

（唐）张继

月落乌啼霜满天，江枫渔火对愁眠。
姑苏城外寒山寺，夜半钟声到客船。

【注释】 ▲枫桥：在今苏州市阊门外。▲夜泊：夜间把船停靠在岸边。▲乌啼：一说为乌鸦啼鸣，一说为乌啼镇。▲霜满天：霜，不可能满天，此处应当体会作严寒；霜满天，是空气极冷的形象语。▲姑苏：苏州的别称，因城西南有姑苏山而得名。▲寒山寺：今苏州西枫桥附近的一座古寺，因唐初著名诗僧寒山曾住在这里而得名。▲夜半钟声：唐代寺院有半夜敲钟的风习。

㉞ 望洞庭

（唐）刘禹锡

湖光秋月两相和，潭面无风镜未磨。
遥望洞庭山水翠，白银盘里一青螺。

【注释】 ▲洞庭：湖名，在今湖南省北部。▲白银盘：形容平静而又清的洞庭湖面。▲青螺：这里用来形容洞庭湖中的君山。

㉟ **夜上受降城闻笛**

（唐）李益

回乐峰前沙似雪，受降城外月如霜。
不知何处吹芦管，一夜征人尽望乡。

【注释】▲受降城：唐初名将张仁愿为了防御突厥，在黄河以北筑东、中、西三座受降城，都在今内蒙古自治区境内。另有一种说法是：贞观二十年（646年），唐太宗亲临灵州接受突厥一部的投降，"受降城"之名由此而来。▲回乐峰：唐代有回乐县，在今宁夏回族自治区灵武市西南。回乐峰即当地山峰。一作"回乐烽"，指回乐县附近的烽火台。▲芦管：以芦叶做的笛子。▲征人：戍边的将士。▲尽：全。

㊱ **塞下曲（其三）**

（唐）卢纶

月黑雁飞高，单于夜遁逃。
欲将轻骑逐，大雪满弓刀。

【注释】▲塞下曲：古时边塞的一种军歌。▲月黑：没有月光的漆黑的夜晚。▲遁：逃走。▲将：率领。▲轻骑：轻装快速的骑兵。▲逐：追赶。▲满：沾满。

㊲ **月下独酌（其一）**

（唐）李白

花间一壶酒，独酌无相亲。
举杯邀明月，对影成三人。
月既不解饮，影徒随我身。
暂伴月将影，行乐须及春。
我歌月徘徊，我舞影零乱。
醒时同交欢，醉后各分散。
永结无情游，相期邈云汉。

【注释】▲独酌：一个人饮酒。▲无相亲：没有亲近的人。▲既：已经。▲徒：徒然，白白的。▲将：和，共。▲月徘徊：明月随人来回移动。▲影零乱：因起舞而身影纷乱。▲同交欢：一起欢乐。▲无情游：月、影没有知觉，不懂感情，李白与之结交，故称"无情游"。▲期：约会。▲邈：遥远。▲云汉：银河。这里指仙境。

㊳ 出塞

（唐）王昌龄

秦时明月汉时关，万里长征人未还。
但使龙城飞将在，不教胡马度阴山。

【注释】 ▲但使：只要。▲不教：不叫，不让。教，让。▲胡马：指匈奴的军队。▲度：越过。

㊴ 把酒问月

（唐）李白

故人贾淳令予问之

青天有月来几时？我今停杯一问之。
人攀明月不可得，月行却与人相随。
皎如飞镜临丹阙，绿烟灭尽清辉发。
但见宵从海上来，宁知晓向云间没？
白兔捣药秋复春，嫦娥孤栖与谁邻？
今人不见古时月，今月曾经照古人。
古人今人若流水，共看明月皆如此。
唯愿当歌对酒时，月光长照金樽里。

【注释】 ▲丹阙：朱红色的宫殿。▲绿烟：指遮蔽月光的浓重的云雾。▲没：隐没。

㊵ 十五夜望月寄杜郎中

（唐）王建

中庭地白树栖鸦，冷露无声湿桂花。
今夜月明人尽望，不知秋思落谁家？

【注释】 ▲中庭：即庭院中。▲地白：指月光照在庭院中，地上好像铺了一层霜雪。▲冷露：秋天的露水。▲秋思：秋天的情思，这里指怀人的思绪。

㊶ 闻王昌龄左迁龙标，遥有此寄

（唐）李白

杨花落尽子规啼，闻道龙标过五溪。
我寄愁心与明月，随风直到夜郎西。

【注释】▲左迁：贬谪，降职。▲杨花：柳絮。▲龙标：诗中指王昌龄。

㊷ 自河南经乱，关内阻饥，兄弟离散，各在一处。因望月有感，聊书所怀，寄上浮梁大兄、於潜七兄、乌江十五兄，兼示符离及下邽弟妹

（唐）白居易

时难年荒世业空，弟兄羁旅各西东。
田园寥落干戈后，骨肉流离道路中。
吊影分为千里雁，辞根散作九秋蓬。
共看明月应垂泪，一夜乡心五处同。

【注释】▲阻饥：遭受饥荒等困难。▲浮梁大兄：白居易的长兄白幼文，贞元十四、十五年（798—799）间任饶州浮梁（今属江西景德镇）主簿。▲於潜七兄：白居易叔父白季康的长子，时为於潜（今浙江临安县）县尉。▲乌江十五兄：白居易的从兄白逸，时任乌江（今安徽和县）主簿。▲干戈：古代两种兵器，此代指战争。

㊸ 水调歌头

（宋）苏轼

丙辰中秋，欢饮达旦，大醉，作此篇。兼怀子由。

明月几时有？把酒问青天。不知天上宫阙，今夕是何年。我欲乘风归去，

【注释】▲达旦：到天亮。▲把酒：端起酒杯。

又恐琼楼玉宇,高处不胜寒。起舞弄清影,何似在人间。　　转朱阁,低绮户,照无眠。不应有恨,何事长向别时圆?人有悲欢离合,月有阴晴圆缺,此事古难全。但愿人长久,千里共婵娟。

▲琼楼玉宇:美玉砌成的楼宇,指想象中的仙宫。▲胜:承受。▲朱阁:华丽的楼阁。▲绮户:雕饰华丽的门窗。▲但:只。▲婵娟:指月亮。

㊹ 月夜忆舍弟

(唐)杜甫

戍鼓断人行,边秋一雁声。
露从今夜白,月是故乡明。
有弟皆分散,无家问死生。
寄书长不达,况乃未休兵。

【注释】▲戍:驻防。▲断人行:指鼓声响起后,就开始宵禁。▲长:一直,总是。

㊺ 西江月·夜行黄沙道中

(宋)辛弃疾

明月别枝惊鹊,清风半夜鸣蝉。稻花香里说丰年,听取蛙声一片。

七八个星天外,两三点雨山前。旧时茅店社林边,路转溪桥忽见。

【注释】▲西江月:词牌名。▲黄沙:黄沙岭,在江西上饶的西面。▲别枝惊鹊:惊动喜鹊飞离树枝。▲茅店:茅草盖的乡村客店。▲社林:土地庙附近的树林。

㊻ 鸟鸣涧

（唐）王维

人闲桂花落，夜静春山空。
月出惊山鸟，时鸣春涧中。

【注释】 ▲鸟鸣涧：鸟儿在山涧中鸣叫。▲人闲：指没有人事活动相扰。闲，安静、悠闲。▲春山：春日的山。亦指春日山中。

㊼ 春江花月夜（节选）

（唐）张若虚

春江潮水连海平，
海上明月共潮生。
滟滟随波千万里，
何处春江无月明！

人生代代无穷已，
江月年年望相似。
不知江月待何人，
但见长江送流水。

【注释】 ▲滟滟：波光荡漾的样子。

诗歌里的鸟

㊽ 江雪

（唐）柳宗元

千山鸟飞绝，万径人踪灭。
孤舟蓑笠翁，独钓寒江雪。

【注释】▲绝：无，没有。▲万径：虚指，指千万条路。▲蓑笠：蓑衣和斗笠。笠，用竹篾编成的帽子。

㊾ 题李凝幽居

（唐）贾岛

闲居少邻并，草径入荒园。
鸟宿池边树，僧敲月下门。
过桥分野色，移石动云根。
暂去还来此，幽期不负言。

【注释】▲分野色：山野景色被桥分开。▲云根：古人认为"云触石而生"，故称石为云根。这里指石根云气。▲幽期：归隐的约定。▲负言：指不履行诺言，失信的意思。

㊿ 望岳

（唐）杜甫

岱宗夫如何？齐鲁青未了。
造化钟神秀，阴阳割昏晓。
荡胸生曾云，决眦入归鸟。
会当凌绝顶，一览众山小。

【注释】▲青：指苍翠的美好山色。▲造化：大自然。▲钟：聚集。▲神秀：天地之灵气，神奇秀美。▲曾：通"层"。▲决眦：眼角（几乎）要裂开。决，裂开。眦，眼角。▲入：收入眼底，看到。▲会当：一定要。▲凌：登上。▲小：形容词的意动用法，意思为"以……为小，认为……小"。

(51) 独坐敬亭山

（唐）李白

众鸟高飞尽，孤云独去闲。
相看两不厌，只有敬亭山。

【注释】▲敬亭山：在今安徽宣城市北。▲尽：没有了。▲闲：形容云彩飘来飘去，悠闲自在的样子。▲两不厌：指诗人和敬亭山而言。厌：满足。

(52) 春望

（唐）杜甫

国破山河在，城春草木深。
感时花溅泪，恨别鸟惊心。
烽火连三月，家书抵万金。
白头搔更短，浑欲不胜簪。

【注释】▲草木深：指乱草遍地，人烟稀少。▲感时：为国家的时局而感伤。▲烽火：古时边防报警的烟火，这里指安史之乱的战火。▲抵：值，相当。▲搔：用手指轻轻地抓。▲浑：简直。▲簪：一种束发的首饰。

(53) 绝句

（唐）杜甫

迟日江山丽，春风花草香。
泥融飞燕子，沙暖睡鸳鸯。
江碧鸟逾白，山青花欲燃。
今春看又过，何日是归年？

【注释】▲迟日：春天日渐长，所以说迟日。▲泥融：这里指泥土滋润、湿润。▲花欲燃：花红似火。

(54) 村居

（清）高鼎

草长莺飞二月天，拂堤杨柳醉春烟。
儿童散学归来早，忙趁东风放纸鸢。

【注释】▲纸鸢：风筝。

(55) 湖上

（宋）徐元杰

花开红树乱莺啼，草长平湖白鹭飞。
风日晴和人意好，夕阳箫鼓几船归。

【注释】▲长：茂盛。▲人意：游人的心情。

(56) 江畔独步寻花（其六）

（唐）杜甫

黄四娘家花满蹊，千朵万朵压枝低。
留连戏蝶时时舞，自在娇莺恰恰啼。

【注释】▲蹊：小路。▲娇：可爱的样子。▲恰恰：象声词，形容鸟叫声音悦耳动听。

(57) 破阵子·春景

（宋）晏殊

燕子来时新社，梨花落后清明。池上碧苔三四点，叶底黄鹂一两声。日长飞絮轻。　巧笑东邻女伴，采桑径里逢迎。疑怪昨宵春梦好，原是今朝斗草赢。笑从双脸生。

【注释】▲新社：古代祭土地神的日子为社日，有春秋两社。新社即春社，时间在立春后清明前。▲碧苔：碧绿色的苔草。▲巧笑：形容少女美好的笑容。▲逢迎：碰头，相逢。▲疑怪：诧异、奇怪。这里是“怪不得”的意思。▲斗草：古代妇女的一种游戏，也叫“斗百草”。

(58) 滁州西涧

（唐）韦应物

独怜幽草涧边生，上有黄鹂深树鸣。
春潮带雨晚来急，野渡无人舟自横。

【注释】▲滁州：今安徽省滁州市。▲西涧：滁州城西郊的一条小溪，有人称上马河，即今天的西涧湖（原滁州城西水库）。▲深树：树荫深处。▲野渡：荒郊野外无人管理的渡口。

(59) 三衢道中

（宋）曾几

梅子黄时日日晴，小溪泛尽却山行。
绿阴不减来时路，添得黄鹂四五声。

【注释】▲梅子黄时：指五月，梅子成熟的季节。▲泛：乘船。▲却：再。▲不减：并没有少多少，差不多。

(60) 蜀相

（唐）杜甫

丞相祠堂何处寻，锦官城外柏森森。
映阶碧草自春色，隔叶黄鹂空好音。
三顾频烦天下计，两朝开济老臣心。
出师未捷身先死，长使英雄泪满襟。

【注释】▲锦官城：成都的别称。▲森森：茂盛繁密的样子。▲空：白白的。▲频烦：犹“频繁”，多次烦劳。▲开：开创。▲济：扶助。▲出师：出兵伐魏。

(61) 春游湖

（宋）徐俯

双飞燕子几时回？夹岸桃花蘸水开。
春雨断桥人不度，小舟撑出柳阴来。

【注释】▲夹岸：两岸。▲蘸水：贴着水面开放。▲断桥：指湖水漫过桥面。▲撑：撑船篙，指用船篙划船前进。

(62) 乌衣巷

（唐）刘禹锡

朱雀桥边野草花，乌衣巷口夕阳斜。
旧时王谢堂前燕，飞入寻常百姓家。

【注释】▲旧时：晋代。▲王谢：王氏家族、谢氏家族。▲寻常：平常。

63 浣溪沙
（宋）晏殊

一曲新词酒一杯，去年天气旧亭台。夕阳西下几时回？无可奈何花落去，似曾相识燕归来。小园香径独徘徊。

【注释】 ▲旧：旧时。▲独：独自。▲徘徊：来回走。

64 商山早行
（唐）温庭筠

晨起动征铎，客行悲故乡。
鸡声茅店月，人迹板桥霜。
槲叶落山路，枳花明驿墙。
因思杜陵梦，凫雁满回塘。

【注释】 ▲征铎：车行时悬挂在马颈上的铃铛。铎，大铃。▲槲：陕西山阳县盛长的一种落叶乔木。叶子在冬天枯而不落，春天树枝发芽时才脱落。每逢端午用这种树叶包出的槲叶粽成了当地的特色美食。▲明：使……明艳。▲回塘：岸边曲折的池塘。

65 使至塞上
（唐）王维

单车欲问边，属国过居延。
征蓬出汉塞，归雁入胡天。
大漠孤烟直，长河落日圆。
萧关逢候骑，都护在燕然。

【注释】 ▲问边：到边塞去查看，指慰问守卫边疆的官兵。▲征蓬：随风飘飞的蓬草，此处为诗人自喻。▲归雁：雁是候鸟，春天北飞，秋天南行，这里是指大雁北飞。▲胡天：胡人的领地。这里是指唐军占领的北方地区。▲候骑：骑马的侦察兵。

⑥⑥ 次北固山下

（唐）王湾

客路青山外，行舟绿水前。
潮平两岸阔，风正一帆悬。
海日生残夜，江春入旧年。
乡书何处达？归雁洛阳边。

【注释】▲次：旅途中暂时停宿，这里是停泊的意思。客路：远行的路。风正：顺风。▲乡书：家信。

⑥⑦ 渔家傲·秋思

（宋）范仲淹

塞下秋来风景异，衡阳雁去无留意。四面边声连角起。千嶂里，长烟落日孤城闭。　　浊酒一杯家万里，燕然未勒归无计。羌管悠悠霜满地。人不寐，将军白发征夫泪。

【注释】▲塞：边界要塞之地，这里指西北边疆。▲边声：边塞特有的声音，如大风、号角、羌笛、马啸的声音。▲千嶂：绵延而峻峭的山峰。▲燕然未勒：指战事未平，功名未立。燕然，即燕然山，今名杭爱山，在今蒙古国境内。▲悠悠：形容声音飘忽不定。▲寐：睡。不寐就是睡不着。

⑥⑧ 别董大

（唐）高适

千里黄云白日曛，北风吹雁雪纷纷。
莫愁前路无知己，天下谁人不识君？
六翮飘飖私自怜，一离京洛十余年。
丈夫贫贱应未足，今日相逢无酒钱。

【注释】▲黄云：天上的乌云，在阳光下乌云呈暗黄色，所以叫黄云。▲白日曛：即太阳黯淡无光。曛，昏暗。▲翮：鸟的羽翼。▲飘飖：飘动。六翮飘飖，比喻四处奔波而无结果。

㊉ 一剪梅

（宋）李清照

红藕香残玉簟秋。轻解罗裳，独上兰舟。云中谁寄锦书来，雁字回时，月满西楼。　　花自飘零水自流。一种相思，两处闲愁。此情无计可消除，才下眉头，却上心头。

【注释】 ▲玉簟：光滑似玉的精美竹席。▲雁字：群雁飞行时常排成"一"字或"人"字，此处以"雁字"称群飞的大雁。

⑦ 秋词（其一）

（唐）刘禹锡

自古逢秋悲寂寥，我言秋日胜春朝。晴空一鹤排云上，便引诗情到碧霄。

【注释】 ▲悲寂寥：悲叹萧条。▲排：推，有冲破的意思。▲碧霄：青天。

⑦ 天净沙·秋

（元）白朴

孤村落日残霞，轻烟老树寒鸦，一点飞鸿影下。　　青山绿水，白草红叶黄花。

【注释】 ▲天净沙：曲牌名。▲残霞：快消散的晚霞。▲寒鸦：天寒归林的乌鸦。▲飞鸿影下：雁影掠过。飞鸿，天空中的鸿雁。

⑫ 天净沙·秋思

（元）马致远

枯藤老树昏鸦，

小桥流水人家，

古道西风瘦马。

夕阳西下，

断肠人在天涯。

【注释】 ▲枯藤：枯萎的枝蔓。▲昏鸦：黄昏时归巢的乌鸦。▲人家：农家。此句写出了诗人对温馨的家庭的渴望。▲古道：已经废弃不堪再用的古老驿道（路）或年代久远的驿道。▲断肠人：此处指漂泊天涯、极度忧伤的旅人。

⑬ 渔歌子

（唐）张志和

西塞山前白鹭飞，桃花流水鳜鱼肥。

青箬笠，绿蓑衣，斜风细雨不须归。

【注释】 ▲西塞山：在今浙江湖州。▲桃花流水：桃花盛开的季节正是春水盛涨的时候，俗称桃花汛或桃花水。▲箬笠：竹叶或竹篾做的帽子。

格律里的好坏

㊲ **上邪**

　　（汉）乐府民歌

上邪！
我欲与君相知，
长命无绝衰。
山无陵，
江水为竭。
冬雷震震，
夏雨雪，
天地合，
乃敢与君绝！

【注释】▲上邪：天啊！上，指天。邪，语气助词，表示感叹。▲命：古与"令"字通，使。▲衰：衰减、断绝。▲陵：山峰。▲震震：形容雷声。▲雨：名词活用作动词。▲乃敢：才敢，"敢"字是委婉的用语。

㊵ **垓下歌**

　　（汉）项羽

力拔山兮气盖世。
时不利兮骓不逝。
骓不逝兮可奈何，
虞兮虞兮奈若何！

【注释】▲兮：文言助词，相当于现代汉语中的"啊"或"呀"。▲奈何：怎么办。▲若：你。

㊆ 击壤歌
（先秦）佚名

日出而作，
日入而息。
凿井而饮，
耕田而食。
帝力于我何有哉。

【注释】▲壤：相传是古代儿童玩具，以木做成，前宽后窄，长一尺多，形如鞋。玩时，先将一壤置于地，然后在三四十步远处，以另一壤击之，中者胜。▲作：劳动。▲息：休息。▲帝力：尧帝的力量。▲何有：有什么（影响）。

㊆ 敕勒歌
北朝民歌

敕勒川，阴山下。
天似穹庐，笼盖四野。
天苍苍，野茫茫，
风吹草低见牛羊。

【注释】▲穹庐：用毡布搭成的帐篷，即蒙古包。▲四野：草原的四面八方。▲天苍苍：天蓝蓝的。▲茫茫：辽阔无边的样子。▲见：同"现"，显露。

㊆ 长相思
（清）纳兰性德

山一程，水一程，身向榆关那畔行，
夜深千帐灯。　　风一更，雪一更，
聒碎乡心梦不成，故园无此声。

【注释】▲程：道路、路程。▲那畔：即山海关的另一边，指身处关外。▲更：古时一夜分五更，每更大约两小时。▲聒：声音嘈杂，这里指风雪交加的声音。

图书在版编目（CIP）数据

诗词大发现：古诗词创意图解：全三册 / 蒋军晶著. -- 武汉：长江文艺出版社，2019.8(2024.1 重印)
（大教育书系）
ISBN 978-7-5702-1040-4

Ⅰ.①诗… Ⅱ.①蒋… Ⅲ.①古典诗歌－中国－中小学－教学参考资料 Ⅳ.①G634.303

中国版本图书馆 CIP 数据核字(2019)第 090977 号

责任编辑：施柳柳	责任校对：毛季慧
封面设计：古涧千溪	责任印制：邱 莉　王光兴

出版：长江出版传媒　长江文艺出版社
地址：武汉市雄楚大街 268 号　邮编：430070
发行：长江文艺出版社
http://www.cjlap.com
印刷：湖北金港彩印有限公司

开本：787 毫米×970 毫米　1/16　印张：27
版次：2019 年 8 月第 1 版　2024 年 1 月第 2 次印刷
字数：304 千字

定价：156.00 元（全三册）

版权所有，盗版必究（举报电话：027—87679308　87679310）
（图书出现印装问题，本社负责调换）